SÉRGIO CARVALHO

7 PASSOS PARA VENCER NOS CONCURSOS

Caminho do Esforço Direcionado – CED

2017

www.editorajuspodivm.com.br

EDITORA
JusPODIVM
www.editorajuspodivm.com.br

Rua Mato Grosso, 175 – Pituba, CEP: 41830-151 – Salvador – Bahia
Tel: (71) 3363-8617 / Fax: (71) 3363-5050
Contato: https://www.editorajuspodivm.com.br/sac

Copyright: Edições JusPODIVM

Conselho Editorial: Eduardo Viana Portela Neves, Dirley da Cunha Jr., Leonardo de Medeiros Garcia, Fredie Didier Jr., José Henrique Mouta, José Marcelo Vigliar, Marcos Ehrhardt Júnior, Nestor Távora, Robério Nunes Filho, Roberval Rocha Ferreira Filho, Rodolfo Pamplona Filho, Rodrigo Reis Mazzei e Rogério Sanches Cunha.

Diagramação: Sandro Dias (sandrodiasfilho@gmail.com)

Capa: Sandro Dias e Júlio Cesar
Imagens: BigStock (www.bigstock.com.b)

C331s   Carvalho, Sérgio.
         Sete passos para vencer nos concursos / Sérgio Carvalho – Salvador: JusPodivm, 2017.
         128 p.

         ISBN 978-85-442-1601-9.

         1. Didática - Métodos de ensino instrução e estudo. 2. Métodos de estudo (para casa, livro de anotações, relatórios escritos. 3. Motivação. I. Carvalho, Sérgio. II. Título.

                                                                                              CDD 371.3

Todos os direitos desta edição reservados à Edições JusPODIVM.

É terminantemente proibida a reprodução total ou parcial desta obra, por qualquer meio ou processo, sem a expressa autorização do autor e da Edições JusPODIVM. A violação dos direitos autorais caracteriza crime descrito na legislação em vigor, sem prejuízo das sanções civis cabíveis.

Prefácio

Meu sonho era passar no concurso e me tornar um AFTN, Auditor-Fiscal do Tesouro Nacional... (Era assim que se chamava naquele tempo o Fiscal da Receita). Isso foi há mais de duas décadas, lá nos idos do milênio passado... Eu tinha vinte e poucos anos, um diploma de engenharia recém-conquistado, nenhuma condição financeira, e não sabia nada – absolutamente nada – sobre concursos...

Do exato dia em que este sonho bateu em meu coração, até o dia em que ele se tornou realidade, lá se passaram sete longos anos. Não posso dizer que foi um tempo fácil em minha vida. Mas sim, seguramente, de grande crescimento pessoal.

A vida de concurseiro me ensinou lições preciosas, que me acompanham até hoje. Ensinou-me a enxergar que o sucesso está à espera de quem tiver coragem para trilhar uma jornada de planejamento, luta e superação, que batizei de **Caminho do Esforço Direcionado (CED)**.

Este caminho é composto de sete passos, os quais lhe explicarei nas próximas páginas, da forma mais simples e detalhada possível. São exatamente os passos que me conduziram à realização da minha vitória, assim como farão a você, ou a qualquer outra pessoa que os seguir.

São passos mágicos, professor?

Não, em absoluto! São passos práticos. O **CED** é um caminho de vivência, que o ensinará a agir e a pensar da forma certa, e a ter a atitude mental mais adequada. Tivesse eu o conhecimento destes sete passos quando iniciei a minha caminhada, decerto aqueles meus sete anos de estudo não teriam passado de sete meses...

Sorte a minha, não é, professor?

Sorte a nossa, que agora estamos juntos!
Boa leitura, e muito sucesso!

Prof. Sérgio Carvalho

Sumário

1º Passo - **Saber aonde quer chegar** 7

2º Passo - **Ter foco** 23

3º Passo - **Ter planejamento** 37

4º Passo - **Ter assiduidade** 59

5º Passo - **Resolver questões** 77

6º Passo - **Assumir responsabilidade** 91

7º Passo - **Acreditar** 103

Sete Vidas 115

PRIMEIRO PASSO

SABER AONDE SE QUER CHEGAR

No famoso clássico *"Alice no País das Maravilhas"*, do inglês Lewis Carroll, trava-se um diálogo interessante: Alice, diante de uma encruzilhada, pergunta ao Gato qual dos caminhos deve escolher. Este lhe retruca, indagando-lhe para onde ela quer ir. Alice diz que não o sabe, e o Gato arremata:

> *Para quem não sabe aonde quer chegar, qualquer caminho serve.*

O **Caminho do Esforço Direcionado (CED)**, do qual trataremos a partir de agora, não é "qualquer caminho" e, portanto, não admite este tipo de dúvida ou indefinição.

Quando se fala que o primeiro passo do **CED** é *"saber aonde se quer chegar"*, isso até pode parecer bastante óbvio, você concorda? Mas não é. Na verdade, a maioria das pessoas não tem uma definição precisa do que pretende alcançar.

Questionadas sobre o que querem da sua vida nos próximos cinco anos, muitas trazem respostas vagas, do tipo: *"quero ser feliz"*, ou *"quero estar bem empregado"*. Respostas assim não nos ajudam muito, uma vez que não criam uma imagem para nós, e o nosso cérebro precisa "enxergar" o que nós queremos de fato.

Um exemplo: anos atrás, há mais de uma década, eu sonhei em me tornar escritor de obras voltadas para concursos. Imagine se eu tivesse comandado para meu cérebro apenas a mensagem "quero ser escritor", o que ele iria conseguir extrair disso?

Assim, para que o sonho se tornasse realidade, fui o mais específico possível. Veja:

"Quero escrever um livro de Estatística. Um livro que trate de todos os assuntos cobrados nas provas da Receita Federal. Um livro de linguagem acessível, com explicações simplificadas, para que qualquer pessoa, mesmo que nunca tenha estudado a Estatística, possa compreendê-la facilmente. Um livro escrito em três cores, preto, azul e vermelho, para tornar as explicações mais didáticas. Um livro de capa verde escura e que tenha algo em torno de 500 páginas. Um livro com dezenas e dezenas de questões resolvidas. Um livro que eu possa concluir no prazo máximo de dois anos."

Ficou clara a diferença entre as duas mensagens? Enquanto a primeira foi genérica e pobre em informações, a segunda foi específica e riquíssima em detalhes. Com esta última mensagem, meu cérebro teve com o que trabalhar, pois conseguiu ver claramente o objetivo pretendido.

Se você atentou bem para este comando que emiti, percebeu que eu consegui pegar o livro em minhas mãos, enxergar a sua capa, a textura das páginas, o formato e as cores das letras, senti até o quanto ele pesava. Experimentei, por antecipação, o sentimento de alegria que iria sentir ao vê-lo publicado. Ouvi os comentários de pessoas amigas, parabenizando-me pelo lançamento da obra. E tudo isso sem que o livro sequer existisse. A não ser na minha mente.

Dois anos depois, realizei aquele sonho. E foi lançado o meu primeiro livro, com o título "Estatística Básica Simplificada", com meu nome estampado naquela capa verde escura. Exatamente como eu havia antes "experimentado".

Mas, atenção: apenas definir o objetivo a ser alcançado não é o suficiente para fazer com que ele se realize. Entenda isso. Um ditado alemão nos diz que "Deus nos deu as nozes, mas não as descascou para nós." Ninguém se iluda achando que basta visualizar o resultado pretendido em sua mente, e depois cruzar os braços, e que tudo vai acontecer por encanto.

Saber aonde se quer chegar é apenas o primeiro passo do nosso **Caminho do Esforço Direcionado (CED)**. Sem este início, porém, todos os demais passos estarão comprometidos. Alguém que não consegue visualizar de forma clara o seu objetivo inevitavelmente desperdiçará muita energia e esforço em vão. E o pior de tudo: perderá tempo, andando a esmo, sem destino certo.

Como poderá, por exemplo, criar um planejamento adequado, se o alvo a ser atingido não é plenamente conhecido?

Para ajudar nesta definição, apresento-lhe a seguir algumas (das inúmeras) opções de escolha que você encontrará no âmbito do Serviço Público. Tratarei ao menos das áreas mais procuradas pelos alunos, Ok?

Concursos da Área Fiscal

Existem nas 3 esferas de Governo – federal, estadual e municipal. Trata-se das repartições do "fisco", nas quais trabalham os auditores-fiscais tributários, responsáveis, grosso modo, pelas atividades de fiscalização, arrecadação e cobrança de tributos.

Normalmente, trata-se de concursos abertos a candidatos com nível superior em qualquer área de formação. Os salários costumam ser bastante atraentes, o que torna o nível de exigência das provas muito elevado. Obviamente que isto implica a necessidade de uma preparação séria e bem planejada por parte dos interessados.

Disciplinas normalmente cobradas nesta área são: Língua Portuguesa, Inglês (às vezes, com a opção do Espanhol), Matemática Financeira, Estatística, Raciocínio Lógico, Direito Constitucional, Direito Administrativo, Direito Tributário, Contabilidade Geral, Contabilidade Avançada, Auditora, entre outras.

Temos aqui neste campo os certames da Receita Federal, dos fiscos estaduais (conhecidos como "concursos de ICMS"), e dos fiscos municipais ("concursos de ISS"). Como todos os Estados brasileiros têm suas respectivas Secretarias de Fazenda, e as capitais (e outras grandes cidades) têm suas Secretarias de Finanças, há sempre alguma expectativa de oferta de vagas nos concursos fiscais.

Concursos Jurídicos

Aqui estamos falando daquelas vagas exclusivas para os que têm formação em Direito. O leque de possibilidades é imenso: Magistratura (juiz federal ou estadual), Ministério Público (promotor de justiça federal ou estadual), Advocacia-Geral da União, Procuradoria (Federal, dos Estados, dos Municípios), Defensoria Pública (federal ou estadual), entre outros.

Além da formação em Direito, algumas vezes esses concursos exigem uma atuação prévia do candidato em atividades jurídicas por um prazo de pelo menos 3 anos.

A exemplo dos concursos fiscais, também na área jurídica o nível de exigência das provas é altíssimo, uma vez que os salários estão entre os melhores do Serviço Público.

Não é raro que as vagas ofertadas por um concurso jurídico não sejam todas preenchidas. Ou seja, o número de aprovados é inferior à oferta prevista no edital. Significa dizer que, em casos assim, o candidato concorre contra a prova, unicamente.

Concursos de Tribunais

Embora os Tribunais sejam a "casa" dos juízes, venho falar de outro tipo de servidores – Técnicos e Analistas Judiciários – que compõem (juntamente com o juiz) as equipes das "varas de justiça".

Para o cargo de Técnico Judiciário, a exigência é de nível médio. Para Analista, os editais exigem o nível superior, que pode ser em qualquer área (cargo de Analista Administrativo), ou em alguma formação específica (Direito, Engenharia, Administração, Economia, Contabilidade, Biblioteconomia, etc.).

Todos os Estados brasileiros têm 4 tribunais, sendo 3 deles na esfera federal (TRF – Justiça Federal, TRE – Justiça Eleitoral e TRT – Justiça do Trabalho), e um estadual (TJ – Tribunal de Justiça).

Fazendo as contas, são muitos os tribunais espalhados pelo País, e os concursos estão sempre ocorrendo.

Concursos Bancários

Estamos falando de bancos públicos, obviamente. Aqueles que têm a participação do Estado, como Banco do Brasil, Caixa Econômica Federal, BNDES, Banco do Nordeste, etc.

São o que eu costumo chamar de "concursos de multidão", haja vista que sempre atraem verdadeiras legiões de concurseiros interessados.

E por que atraem tanta gente assim, professor?

Porque, em tese, são concursos mais fáceis de ser aprovado. Não é tão grande assim o número de disciplinas constantes no edital.

Entenda que eu não estou dizendo que há pouca coisa para estudar nos concursos bancários. Apenas que, em termos comparativos (com concursos fiscais, por exemplo), há bem menos matérias exigidas. Em contrapartida, o salário não anima o concurseiro a "pendurar as chuteiras"… Ele certamente terá vontade de continuar estudando para alçar voos mais altos.

A exigência dos concursos bancários é o nível médio.

Concursos Policiais

A área de segurança pública também costuma atrair muita

procura. Estamos falando em provas de Polícia Civil, Polícia Militar, Polícia Federal, Polícia Rodoviária Federal.

De todos estes, o único órgão que admite candidatos de nível médio é a Polícia Militar. Nível superior em qualquer área para os demais, com ressalva para o cargo de Delegado, que requer formação em Direito.

Para quem gosta da ideia de se tornar um policial, oportunidades sempre surgem nesta área de segurança.

Outros

São realmente inúmeros os "tipos" de concurso que você pode fazer, além de todos aqueles já comentados acima.

O INSS, por exemplo, possui cargos de nível médio (Técnico da Seguridade Social) e de nível superior (Analista da Seguridade Social), e seus concursos costumam oferecer centenas de vagas por edital.

Também existem os órgãos que exercem o controle (interno ou externo) da Administração Pública. São os Tribunais de Conta (da União, dos Estados) e as Controladorias, que também realizam concursos com frequência, e costumam oferecer uma ótima remuneração aos seus servidores.

Para quem almeja a carreira do magistério no ensino público, concursos para professor também são uma opção frequente. Seja para lecionar no Município ou no Estado, oportunidades estão sempre surgindo.

Professor, e como é que eu faço para acompanhar as notícias dos concursos?

Com a Internet, isso hoje é algo facílimo de ser feito. São vários os canais que prestam este serviço. Basta pesquisar no Google.

Agora, a pergunta que não quer calar: você já criou uma definição precisa do que almeja? Para facilitar a sua vida, trabalharemos com perguntas – as mais objetivas possíveis – com as quais você saberá em que nível se encontra em relação a este primeiro passo.

Vamos lá? Sua missão agora é responder aos questionamentos seguintes, marcando apenas **"sim"** ou **"não"**. É fundamental que você use de toda a sinceridade do mundo nas suas respostas. E logo depois analisaremos os seus resultados

Questionário do Primeiro Passo

1. Já estou convicto de que quero realmente ser um concurseiro?
( ) Sim ( ) Não

2. Já defini em que área estão os concursos que pretendo enfrentar? (Se são da área fiscal, da área jurídica, da área bancária, da área de tribunais, da área de segurança, da área de controle, etc.)
( ) Sim ( ) Não

3. Já defini o cargo (ou a função) que pretendo exercer quando tiver sido aprovado?
( ) Sim ( ) Não

4. Já defini em quanto tempo pretendo estar preparado para ser aprovado neste concurso?
( ) Sim ( ) Não

5. Já defini o quanto espero ganhar de remuneração quando tiver sido aprovado neste concurso?
( ) Sim ( ) Não

6. Esta remuneração que estou imaginando me parece satisfatória, condizente com as minhas aspirações de vida?
( ) Sim ( ) Não

7. Consigo, já agora, imaginar a alegria e a realização profissional que sentirei quando alcançar este cargo que estou almejando?

( ) Sim ( ) Não

8. Fechando um pouco os olhos, consigo me enxergar no futuro, no meu local de trabalho, exercendo este cargo, convivendo com outros colegas?

( ) Sim ( ) Não

9. Fechando os olhos novamente, consigo registrar algum som do meu futuro local de trabalho? Colegas conversando comigo, tratando de processos próprios daquela atividade? Consigo ouvir as conversas que travamos?

( ) Sim ( ) Não

10. Fechando os olhos mais uma vez, consigo sentir a emoção de estar exercendo o cargo que almejo?

( ) Sim ( ) Não

Agora conte quantas respostas "sim" você assinalou. Finalmente, no desenho a seguir, marque um "x" no ponto correspondente ao passo 1, dentro do círculo azul, amarelo ou vermelho, de acordo com a seguinte definição:

De 1 a 3 respostas "sim",
marque o "x" no ponto do círculo vermelho;

De 4 a 7 respostas "sim",
marque o "x" no ponto do círculo amarelo;

De 8 a 10 respostas "sim",
marque o "x" no ponto do círculo azul;

Como é que eu devo interpretar o meu resultado, professor?

Da seguinte forma: se você está no círculo azul, ou seja, se respondeu "sim" para todas (ou quase todas) as perguntas, é sinal de que você já consegue visualizar o seu objetivo de forma muito clara, e isso é ótimo.

Você já faz um excelente uso dos seus sentidos mentais: consegue enviar para o seu cérebro sensações autênticas e muito nítidas do que você vê, ouve e sente, acerca de uma aprovação que já tem como certa, num futuro próximo. Isto faz com que sua mente abrace esta "realidade futura" como uma certeza, e ela fará de tudo – absolutamente tudo – para colaborar com a realização deste seu objetivo.

Do contrário, se sua marcação foi feita no círculo amarelo ou no vermelho, isto indica que ainda não há uma definição muito clara do que você realmente quer. Ou pelo menos não tão clara quanto seria desejável. Neste caso, não siga adiante sem antes fazer uma séria reflexão.

A dica é bem simples: use exatamente as perguntas respondidas com um "não" para se guiar. Ou seja, procure fazer tudo o que estas perguntas lhe sugerem fazer – veja, sinta, ouça, especifique detalhes, crie definições precisas, estabeleça prazos – até que o seu sonho se torne "palpável", tanto quanto possível.

Tive uma aluna, orientanda minha, que sonhava tornar-se Auditora-Fiscal do Trabalho (AFT). Conversando comigo, confidenciou-me que aquele objetivo era algo tão real em sua vida, algo tão concreto (embora ainda não tivesse se realizado), que ela já conseguia até se "sentir" naquele cargo. Disse-me que vez ou outra visitava uma Delegacia do Trabalho e lá ficava por alguns minutos, acompanhando o movimento da repartição, ouvindo as pessoas, observando a rotina daquele lugar. Fez até amizade com uma fiscal de lá.

Poucas vezes vi alguém tão convicto do seu objetivo. O nível de motivação desta moça certamente a ajudará a cumprir os passos seguintes do **CED**, sem esmorecer e nem desistir no meio da jornada.

Agora, atente para algo absolutamente essencial: este primeiro passo não se esgota nunca.

Como assim, professor?

Significa dizer que a "internalização" do seu objetivo deve ser algo contínuo e permanente. Quanto mais você conseguir manter seus pensamentos voltados para a sua meta, mais facilmente conseguirá vencer os obstáculos e as intempéries do caminho.

Haverá obstáculos, professor?

Certamente que sim. Estamos falando da vida. Por que haveria de ser fácil? Mas dificuldades só existem para ser superadas. E para nos fazer mais fortes. Continue trabalhando com as perguntas que respondeu negativamente, até que consiga transformar toda resposta "não" em um grande e sonoro "sim". Feito isto, já podemos seguir em frente. Vamos lá?

SEGUNDO PASSO

TER FOCO

Eis aqui um dos maiores desafios do nosso tempo. A vida moderna é de tal forma atribulada, tão cheia de obrigações, ocupações e possibilidades, que nos esquecemos de estabelecer as nossas prioridades.

Quando isso ocorre, o estresse é inevitável. Vem a sensação de estarmos perdidos no meio do oceano, dentro de um barquinho à vela, que ora vai para um lado, ora para o outro, ao sabor do vento. Ou seja, deixamos de conduzir, e passamos a ser conduzidos.

Não sei se você está percebendo a seriedade da situação: viver sem foco é perder o controle da própria vida.

Isso causa um desgaste emocional absurdo. Chega o fim do dia e nos sentimos frustrados, com a impressão de que não fizemos o que realmente tinha que ser feito. E aquele sonho da aprovação no concurso vai se tornando cada vez mais distante. Não queremos isso para nós.

Em se tratando de concursos públicos, trataremos do tema foco sob dois aspectos importantes. O primeiro deles faz remissão ao primeiro passo do **CED**, saber aonde se quer chegar.

Muitos concurseiros, sobretudo os iniciantes, incorrem num erro muito comum, de querer fazer todos os concursos ao mesmo tempo.

Há mais de uma década estou à frente do projeto **Personal**, no qual oriento concurseiros de todas as partes do Brasil. Certa vez, um orientando meu me disse que iria fazer uma prova de TRE (Justiça Eleitoral) no próximo fim de semana. Como acompanho sempre o noticiário dos concursos, eu sabia que tal prova não estava nem perto de acontecer. Então, perguntei-lhe se ele tinha certeza do que me dizia. *"Claro que sim, professor. A prova é no domingo! Quer ver? Espera só um segundo aí..."*

E saiu de onde estava e foi consultar a esposa. Daí, ele voltou à nossa conversa e disse, meio sem graça, que estava realmente equivocado. Era outra a prova que ele iria fazer no domingo, e não a que estava supondo.

Lembro-me de que, naquela ocasião, ele estava inscrito para fazer cinco concursos quase que simultâneos. Estava tão perdido, tão sem foco, que nem sequer sabia qual a prova que iria enfrentar no fim de semana seguinte. Não precisa ser genial para concluir que as chances de aprovação deste aluno eram reduzidas, apesar de ele ter capacidade de sobra para passar em qualquer concurso.

Costumo comparar um concurseiro a um apostador de loteria. Na Mega-Sena, o sujeito pode fazer uma **aposta mínima**, de apenas 6 dezenas, pagando bem pouco por isto (R$ 3,50). Porém, se quiser expandir a sua chance de ganhar, pode aumentar o número de dezenas marcadas em seu bilhete, chegando até a aposta máxima, com 15 dezenas marcadas. O preço de um único bilhete de aposta máxima supera os 17 mil reais.

Ora, como a aposta mínima é barata, é comum ver muitas pessoas apostando diversos bilhetes de R$ 3,50, na ilusão de que, assim, conseguirão multiplicar as suas chances de se tornar milionário.

Ilusão, professor?

Sim. Vou lhe mostrar isso em números: quem joga um único bilhete de aposta máxima tem uma probabilidade de ganhar

quinhentas vezes maior do que quem faz dez apostas mínimas.

Tentar ser aprovado em diversos concursos ao mesmo tempo – sobretudo concursos de áreas totalmente diferentes entre si – é o mesmo que fazer diversas apostas mínimas. O esforço dedicado a cada concurso é mínimo, já que o nosso recurso mais precioso e escasso, o tempo, será dividido entre vários objetivos.

Você paga pouco por dez bilhetes mínimos da loteria, apenas R$ 35,00 (trinta e cinco reais). Quase nada. Mas sua chance de sucesso, ainda assim, é irrisória. Da mesma forma, você paga pouco para estudar para 3, 4 ou até mais concursos ao mesmo tempo.

Pago pouco por quê, professor?

Porque vai dedicar apenas uma fração do seu tempo de estudos a cada um deles. Resultado: a probabilidade de aprovação fica igualmente fracionada e bastante reduzida.

E a aposta máxima, professor?

A aposta máxima, metaforicamente falando, é feita por aquele concurseiro que arrisca às vezes todo o seu dinheiro em um único bilhete, com o maior número de dezenas possíveis, dedicando a esta aposta todos os seus recursos de esforço, de dedicação, de planejamento, de esperanças, de fé.

Significa dizer que ele – o concurseiro da aposta máxima – diz "sim" a um único objetivo. Seu alvo é um só. Terá que se concentrar ao máximo para atingi-lo, mas sabe que todos os seus esforços estão *direcionados* para aquele único propósito.

Lembra-se do nome do nosso método? **Caminho do Esforço Direcionado**. Isso começa a fazer sentido para você?

Professor, quer dizer então que eu só devo estudar para um concurso por vez?

Você até pode estudar para mais de uma prova ao mesmo tempo, desde que atente para algo simples de entender: concursos **de uma mesma área** são bastante assemelhados entre si.

Tomemos como exemplo a área fiscal. Há concursos fiscais nas esferas federal, estadual e municipal. As possibilidades são inúmeras, haja vista que o Fisco é uma das repartições mais importantes para qualquer ente federado.

Assim, se você optar por ser um concurseiro da área fiscal, logo descobrirá que existe um núcleo de disciplinas comuns a praticamente todos os certames fiscais. Matérias como Língua Portuguesa, Matemática Financeira, Estatística, Raciocínio Lógico, Direito Constitucional, Direito Administrativo, Direito Tributário, Auditoria e Contabilidade estão presentes em qualquer concurso fiscal, de qualquer esfera de governo.

Fica fácil concluir, portanto, que ao **dominar** este núcleo de conhecimento comum, o concurseiro fiscal poderá perfeitamente adaptar o seu plano de estudos, complementando-o com algumas matérias extras, e tornando-se apto a enfrentar mais de um concurso ao mesmo tempo.

Perceba que esta forma de agir não representa um fracionamento do seu esforço, e sim um aproveitamento inteligente das suas energias.

Já pensou o quanto é gratificante saber que quando você dominar, por exemplo, a Contabilidade, poderá usar este conhecimento em **todos** os concursos fiscais que quiser fazer no futuro? Todos, sem exceção.

Que maravilha, professor...

Veja que citei o exemplo da área fiscal, mas vale exatamente o mesmo para quem escolher para si concursos de Tribunais, ou concursos bancários, ou concursos de segurança pública, ou de agências reguladoras, ou os de controle externo, etc. Em qualquer uma destas áreas você facilmente identificará a presença de um núcleo de matérias comuns, cujo conhecimento se aproveitará a vários certames.

Saber disso desde o início é fundamental, pois fará com que você tenha consciência da importância de aprender com excelência.

E como eu faço isso, professor?

Calma. Ainda estamos no segundo passo do **CED**.

Falemos agora do outro aspecto do foco, que interessa a nós, concurseiros. Em meus atendimentos de orientação, por vezes encontro pessoas muito sinceramente desejosas de ingressar no serviço público, mas pouco dispostas a abrir mão de outras atividades cotidianas.

Pessoas que mal se dão conta de que sua rotina está completamente abarrotada de afazeres. Querem passar no concurso, mas, ao mesmo tempo, querem aprender outros idiomas, querem aprender a tocar instrumentos musicais, querem praticar vários esportes, querem escrever um livro, querem fazer um curso de culinária, outro de pintura, outro de coaching...

Tudo ao mesmo tempo.

Todas essas atividades que citei são maravilhosas, e eu particularmente gosto de todas elas. Atualmente, além de ser Auditor-Fiscal da Receita Federal, consigo distribuir meu tempo livre entre cuidar da minha família, ensinar matemática às minhas filhas, tocar violão, jogar tênis de mesa, estudar inglês, orientar concurseiros, lecionar, escrever livros... A lista é grande.

Agora, imagine se eu quisesse fazer tudo isto que faço hoje, e ainda tivesse que estudar para concurso? Seria impossível. Se o fizesse, estaria vivendo uma ilusão, seguindo por uma trilha muito distante do **Caminho do Esforço Direcionado**.

A rotina de cada um de nós já costuma ser por demais atribulada, de sorte que o tempo livre para dedicar aos estudos deve ser valorizado ao máximo. Não se trata aqui de desistir dos seus sonhos de se tornar músico, ou poliglota, ou chef de cozinha, ou escritor, ou o que quer que seja. Trata-se apenas de adiar estes projetos para um momento mais oportuno.

Quando, professor?

Depois de ser aprovado no concurso.

Nas palavras de Steve Jobs, "foco não é dizer **sim** para uma coisa apenas, mas dizer **não** para todas as outras". Para nós, portanto, foco significará atribuir prioridade máxima ao projeto de aprovação, dizer "sim" ao seu compromisso de estudos, e ao mesmo tempo dizer "não" a tudo o que implicará desvios ou distrações na sua preparação.

Ter foco implica tomar decisões acertadas quanto ao que será considerado prioridade em sua vida. E isto definitivamente não é algo fácil de ser feito.

Para ter uma ideia de como você se encontra em relação a este segundo passo do **CED**, vamos trabalhar novamente com algumas perguntas.

Como antes, aqui você irá responder apenas "sim" ou "não" para cada questionamento. E depois analisaremos o resultado. Lembre-se sempre de ser o mais sincero possível em suas respostas. Afinal de contas, esse questionário só interessa a você e a mais ninguém. Vamos lá?

Questionário do Segundo Passo

1. Olhando-me no espelho, a imagem que tenho de mim é a de uma pessoa que tem foco na vida?
( ) Sim   ( ) Não

2. Pela manhã, quando acordo, tenho uma boa percepção daquilo que deve ser priorizado no meu dia?
( ) Sim   ( ) Não

3. Sinto-me seguro acerca das prioridades que estabeleci em minha vida? Ou seja, estou convicto de que escolhi as atividades mais importantes como prioridade para mim?
( ) Sim   ( ) Não

4. Estou convicto de que as minhas atuais atividades cotidianas colaboram para o meu projeto de aprovação?
( ) Sim   ( ) Não

5. Já consegui eliminar da minha rotina toda e qualquer atividade que possa ser adiada para o futuro, e que esteja agora atrapalhando na minha dedicação ao projeto de ser aprovado no concurso?
( ) Sim   ( ) Não

6. Tenho perfeita compreensão de que, no futuro, após a minha aprovação, poderei usar meu tempo livre de forma muito mais tranquila?
( ) Sim   ( ) Não

7. Costumo sempre parar um pouco para pensar e refletir sobre o que estou fazendo da minha vida, e sobre como posso ser uma pessoa mais focada naquilo que realmente é prioritário para mim?
( ) Sim   ( ) Não

8. Em meus estudos, estou focado na preparação para um só concurso, ou para concursos de uma mesma área?
( ) Sim   ( ) Não

9. Já consegui perceber a existência de um núcleo de disciplinas que são comuns aos concursos da área para a qual estou me preparando?
( ) Sim   ( ) Não

10. Em meus estudos, estou dando prioridade a dominar as matérias que fazem parte daquele núcleo comum de disciplinas?
( ) Sim   ( ) Não

Agora conte quantas respostas "sim" você assinalou. Finalmente, no desenho a seguir, marque um "x" no ponto correspondente ao passo 2, dentro do círculo azul, amarelo ou vermelho, de acordo com a seguinte definição:

● De 1 a 3 respostas "sim", marque o "x" no ponto do círculo vermelho;

● De 4 a 7 respostas "sim", marque o "x" no ponto do círculo amarelo;

● De 8 a 10 respostas "sim", marque o "x" no ponto do círculo azul;

E a interpretação, professor, como será?

Se seu "x" foi marcado no círculo azul, é bom sinal: você já consegue ter foco em sua vida. Já definiu claramente as suas prioridades, e já sabe agir de acordo com elas.

Porém, se sua marcação foi feita nos círculos amarelo ou

vermelho, é indicativo de que algo precisa ser urgentemente revisto. Como foi dito, a ausência de foco é algo perigoso: põe-nos em risco de "vagar" sem rumo pela vida, o que costuma resultar em sentimentos de frustração e ansiedade.

Guie-se novamente pelas perguntas para as quais você respondeu com um "não". Pense. Medite sem pressa. O que é preciso fazer para que aquele "não" se transforme em um "sim"?

Perceba que o **CED** é muito mais sério do que possa aparentar. Ele levará você a *mudanças de pensamento*, que são as mais profundas. Mude seus pensamentos e mudará também seus paradigmas.

O **CED**, como disse lá no início, é para quem quer parar de viver dando desculpas a si mesmo. É para quem quer vencer. Se você ainda vive sem foco, aproveite esta oportunidade de reflexão e tome as rédeas da sua vida. É você quem está no leme. Você está no comando. Assuma isso.

Quanto mais forte for a sua prioridade e o seu foco na aprovação, tanto mais rapidamente ela chegará. Pense nisso, Ok?

E vamos em frente.

TERCEIRO PASSO

TER PLANEJAMENTO

Questão básica de Língua Portuguesa: "planejamento" é um substantivo primitivo ou derivado?

Essa é fácil, professor... "planejamento" é substantivo derivado! Deriva da palavra "plano".

Perfeitamente. Criar um planejamento é, portanto, criar um plano. E todo plano tem um propósito, qual seja, atingir o objetivo almejado de forma mais rápida e eficiente.

Veja esta frase, atribuída a Abraham Lincoln:

> "Se eu tivesse seis horas para cortar uma árvore, passaria as quatro primeiras afiando o machado."

Eis aí a síntese perfeita do que estamos tratando.

Alguém mais afoito certamente tomaria o machado nas mãos e começaria logo a desferir dezenas de golpes no tronco da árvore, sem mesmo se dar conta das condições da sua ferramenta. Em consequência, gastaria muito mais energia que o necessário e demoraria muito mais tempo para chegar ao resultado pretendido, apesar de todo o esforço empenhado.

Não criar um plano de estudos é um dos erros mais graves na vida de um concurseiro. Apesar disso, um dos mais frequentes.

Veja se você se identifica com esta situação: o sujeito chega em casa no começo da noite, depois de um dia estressante no expediente, e de um trânsito caótico na volta para o lar. Daí, com a mente ainda muito acelerada, senta para começar os estudos. Há vários livros sobre a sua mesa. Ele olha para um lado, olha para o outro... e vê aquele da sua matéria preferida.

Ora, até para escapar daquele estado de agitação e estresse em que se encontrava, a escolha óbvia desta pessoa será por dedicar-se à matéria que lhe dá mais alegria e prazer em estudar. Isso não lhe parece lógico?

Daí, é nesta arapuca que cai boa parte de quem se prepara para concurso: eu estudo o que eu amo, e desprezo o que eu odeio. Simples assim.

Tem tudo a ver comigo, professor...

Foi o que imaginei. No dia da prova, adivinhe qual é a matéria que vai ser responsável por sua reprovação? Nem preciso responder.

Quando não existe um planejamento colocado no papel, **por escrito**, corre-se um grande risco de dedicação exagerada às matérias preferidas, em detrimento das outras. E são exatamente essas "outras" as que irão lhe prejudicar.

Não sei se você reparou, mas só se pode falar em planejamento quando o objetivo almejado já foi estabelecido. Ou seja, não há como fazer um plano, se o primeiro passo do nosso **Caminho do Esforço Direcionado** – *saber aonde se quer chegar* – não houver sido cumprido.

Além disso, colocar sua programação de estudos no papel também irá ajudá-lo muitíssimo na questão do foco – segundo passo do **CED**. O planejamento vai indicar exatamente os dias e horários em que você se dedicará ao seu aprendizado.

Perceba que os passos do **CED** estão todos entrelaçados entre si. Um dá suporte ao outro, como tijolos que se sobrepõem, e se tornam uma verdadeira muralha.

Professor, e como é que eu devo fazer este meu planejamento escrito?

O que um bom planejamento fará é lhe dizer o quanto do seu tempo de estudo será dedicado a cada disciplina. E esta definição levará em conta, sobretudo, dois critérios:

1º) O grau de relevância da matéria na minha prova.

Se você vai fazer um concurso, por exemplo, para o Tribunal Regional Eleitoral (TRE) do seu Estado, então já deve estar ciente de que a disciplina mais relevante desta prova, a que provavelmente irá definir a sua aprovação, é justamente o Direito Eleitoral.

É bem provável que ela venha com um número maior de questões no caderno de prova, e talvez estas questões tenham inclusive um peso maior do que as de outras disciplinas. Assim, um bom plano de estudos para este concurso deve privilegiar essa matéria principal com mais horas de dedicação.

Imagine, porém, que você seja um jurista, com doutorado em Direito Eleitoral, e até ministre aulas dessa disciplina em cursos de graduação e pós-graduação, de forma que este conhecimento já o acompanhe profissionalmente todos os dias da sua vida. Neste caso, seria sensato planejar mais tempo para o Direito Eleitoral do que para as demais matérias? O que lhe parece?

É justamente aí que entra o segundo critério:

2º) Seu grau de domínio da disciplina.

Uma orientanda minha disse-me assim: *"Professor, eu tenho graduação e mestrado em Letras. Faz 15 anos que leciono*

Português praticamente todos os dias. Quando pego em casa qualquer prova de Português dessas de concurso para resolver, costumo acertar rapidamente todas as questões. Mas aí, professor, quando chega no tal do Raciocínio Lógico..."

Não precisa ser nenhum Einstein para compreender, ao menos entre estas duas disciplinas citadas, qual delas vai merecer maior número de horas planejadas de estudo.

Mesmo que Língua Portuguesa tenha mais questões ou um peso maior na prova desta pessoa, ainda assim, pelo segundo critério, o mais razoável é dedicar mais tempo ao aprendizado da matéria de menor domínio.

No fim das contas, o que você terá que fazer é usar de todo o bom senso possível, para conjugar os dois critérios, sobrepesando-os, avaliando um e outro para cada matéria a ser aprendida. E só assim o seu planejamento surtirá o melhor efeito.

Tem como dar uma forcinha aí a mais, professor?

Claro! Vou lhe apresentar uma tabela muito simples de ser feita e utilizada, que poderá lhe servir de "norte" para o seu planejamento. Ela terá 4 colunas, da seguinte forma:

Disciplina	1º Critério "Esta matéria é importante em meu concurso?"	2º Critério "Eu já estou bem no conhecimento desta matéria?"	Soma das Notas

Na coluna da esquerda, a primeira delas, relacione as disciplinas que você irá estudar.

Na segunda coluna, você responderá, para cada disciplina, a pergunta "Esta matéria é importante em meu concurso?" E o fará atribuindo uma nota de 0 a 10, sendo a nota mais alta para a matéria mais importante, e nota mais baixa para aquela que você julga de menor relevância.

Na terceira coluna, você responderá também com uma nota (de 0 a 10) a seguinte pergunta: "Eu já estou bem no conhecimento desta matéria?" Só que agora o critério é diferente, **atenção aqui**: nota mais baixa para a matéria que você já domina bem. E nota mais alta para aquela que você não aprendeu ainda. Ficou claro?

A quarta coluna receberá a soma das duas notas atribuídas nas duas colunas anteriores.

Veja este exemplo simplificado, para saber se entendeu direito como funciona a nossa tabela:

Disciplina	1º Critério "Esta matéria é importante em meu concurso?"	2º Critério "Eu já estou bem no conhecimento desta matéria?"	Soma das Notas
Português	8 (Alta relevância)	9 (Alto grau de dificuldade e baixo domínio)	17
Matemática	5 (Média relevância)	3 (baixo grau de dificuldade e baixo domínio)	8
Direito Constitucional	9 (Alta relevância)	5 (domínio mediano, precisa de um bom reforço)	14
Direito Administrativo	5 (média relevância)	10 (nenhum domínio, matéria nova pra mim)	15
Legislação Específica	10 (matéria mais importante do concurso)	10 (nenhum domínio, matéria nova pra mim)	20

Relacionemos agora apenas as matérias, com a respectiva pontuação final (em ordem crescente) de cada uma, e acrescentemos uma última e nova linha de somatório. Teremos:

Disciplina	Nota Final
Legislação Específica	20
Português	17
Direito Administrativo	15
Direito Constitucional	14
Matemática	8
Soma	**74**

Agora já temos como quantificar – em termos relativos – o quanto deveremos nos dedicar a cada uma destas disciplinas.

De que jeito, professor?

Vamos criar uma fração para cada matéria. O numerador (parte de cima da fração) será a nota que está na tabela, à direita do nome da disciplina. E o denominador (parte de baixo da fração) será o valor da soma que aparece na última linha da tabela (74).

Daí, teremos:

Disciplina	Nota Final	Fração
Legislação Específica	20	(20/74)
Português	17	(17/74)
Direito Administrativo	15	(15/74)
Direito Constitucional	14	(14/74)
Matemática	8	(8/74)
Soma	**74**	

Com o auxílio de uma calculadora, você pode rapidamente transformar estas frações em valores percentuais. Veja um exemplo:

Fração da matéria Português = (17/74) = 0,2297 = 22,97%
Assim, teremos:

Disciplina	Nota Final	Percentual
Legislação Específica	20	27,03%
Português	17	22,97%
Direito Administrativo	15	20,27%
Direito Constitucional	14	18,92%
Matemática	8	10,81%
Soma	**74**	**100%**

Ora, estes percentuais encontrados na tabela acima irão nos servir apenas como uma diretriz de como devemos usar o nosso tempo de estudo. Não precisamos ser escravos de uma precisão exagerada dos resultados que a calculadora nos apresentou.

SE EU TIVESSE SEIS HORAS PARA CORTAR UMA ÁRVORE, PASSARIA AS QUATRO PRIMEIRAS AFIANDO O MACHADO

Podemos, usando o bom senso, e sem nenhum prejuízo, fazer algumas aproximações naqueles percentuais, para chegarmos finalmente ao seguinte:

Disciplina	Nota Final	Percentual
Legislação Específica	20	30%
Português	17	20%
Direito Administrativo	15	20%
Direito Constitucional	14	20%
Matemática	8	10%
Soma	**74**	**100%**

Agora ficou bem melhor, professor!

Sem dúvidas! E bem mais fácil também de interpretar. Veja que os percentuais que ficaram na tabela foram 10%, 20% e 30%. Facilmente enxergamos que 20% é o dobro de 10%. E que 30% é o triplo de 10%.

Assim, uma hora de estudo na matéria 10% representará duas horas de estudo nas matérias 20%, e três horas de estudo na matéria 30%.

Daí, para cada 10 horas de estudo seu, você deverá observar esta proporção:

Disciplina	Horas de Estudo
Legislação Específica	3 horas
Português	2 horas
Direito Administrativo	2 horas
Direito Constitucional	2 horas
Matemática	1 hora
A cada...	**...10 horas**

Veja você que maravilha: saímos de uma situação de estudo aleatório para uma muito mais desejável – de estudo planejado.

Muito bom mesmo, professor!

Se na sua semana de estudos só couberem exatamente 10 horas, então você já saberá como dividi-las entre as matérias.

Mas seu eu tiver bem mais que isso, professor?
Se eu tiver 20 horas, ou 30 horas, ou mesmo
40 horas de estudo por semana, como é que fica?

Neste caso, basta usar a tabela original (das 10 horas) e fazer a proporção. Algo muito fácil de ser calculado:

Se 20 horas é o dobro de 10 horas, então multiplicaremos as horas de cada matéria por 2.

Se 30 horas é o triplo de 10 horas, então multiplicaremos as horas de cada matéria por 3.

Finalmente, se 40 horas é o quádruplo de 10, então multiplicaremos as horas de casa matéria por 4.

Veja o resultado:

Disciplina	Plano para 10 horas	Plano para 20 horas	Plano para 30 horas	Plano para 40 horas
Legislação Específica	3 horas	6 horas	9 horas	12 horas
Português	2 horas	4 horas	6 horas	8 horas
Direito Administrativo	2 horas	4 horas	6 horas	8 horas
Direito Constitucional	2 horas	4 horas	6 horas	8 horas
Matemática	1 hora	2 horas	3 horas	4 horas

Agora resta apenas você dividir os seus horários semanais de estudo, espalhando as matérias e respeitando o número de horas estabelecido para cada uma delas.

Professor, o edital do meu concurso ainda não saiu. Devo me basear por onde em relação às matérias que vou estudar?

Normalmente, você vai se basear no último edital publicado para o mesmo cargo. Mas, atenção: isto só vale se aquele último concurso não estiver muito distante no tempo.
Alguns concursos de fisco municipal, por exemplo, são verdadeiras lendas. Só para ilustrar, provas de fisco municipal às vezes demoram mais de uma década para se repetir. Neste caso, não convém planejar-se para um concurso atual com base em um edital tão antigo assim.

E o que eu faço?

Procure os editais mais recentes de concursos de outros órgãos assemelhados. Ou seja, se quero fazer a próxima prova para fiscal de uma capital, por exemplo, então devo pesquisar quais foram os últimos (os mais recentes) editais lançados para o fisco municipal de outras capitais. Por eles, saberei – com boa precisão – quais as disciplinas que terei que aprender.

Outra dúvida muito frequente entre os alunos diz respeito ao número de disciplinas que devem ser estudadas ao mesmo tempo.

Quantas matérias devo colocar no meu planejamento semanal, professor?

Isto também depende de um critério objetivo: seu grau de conhecimento geral do grupo das disciplinas.

Se você está ainda iniciando os seus estudos, e terá que dar conta, por hipótese, de dominar dez matérias que são novas para você, então o mais sensato será dividi-las em blocos. E dedicar-se inicialmente às disciplinas do primeiro bloco; depois, às do segundo. E assim por diante.

Do contrário, se você resolvesse estudar as dez matérias de uma só vez, demoraria muito a sentir qualquer evolução real no seu aprendizado. Cairia no que eu chamo de efeito conta-gotas.

Como é isto, professor?

O efeito conta-gotas ocorre quando o aluno iniciante decide estudar muitas disciplinas simultaneamente. (Atente que estou falando do aluno iniciante). O resultado é que dedicará bem pouco tempo a cada uma delas, e só conseguirá acumular pequenas gotas de conhecimento, o que não é o suficiente para quem está começando.

Se, porém, você já é um aluno avançado, ou seja, se já conseguiu estudar pelo menos duas vezes todas (ou quase todas) as matérias do concurso, então, neste caso, cabe a possibilidade de planejar o estudo simultâneo de um número maior de disciplinas.

Por quê, professor?

Porque neste estágio (mais avançado) você irá dedicar-se muito mais a resolver questões, do que propriamente a aprender conteúdos novos.

Como você pode ver, planejar é uma arte, e não são muitos os que se dispõe a praticá-la. Vantagem para quem o faz. Guarde isto: **qualquer planejamento é melhor do que nenhum planejamento.**

Pratique. O importante é começar. E atente ao seguinte: cada planejamento que você criar para si deve ser colocado em teste. Nada é definitivo. Pelo contrário: todo plano é passível de adaptação. Coloque no papel e comece a pôr em prática. E fique atento aos resultados.

Se o seu aprendizado estiver evoluindo bem, você será o primeiro a saber. Neste caso, mantenha a direção. Do contrário, se não estiver sentindo fluir o seu conhecimento, reflita e promova alterações no que havia planejado antes. É assim que funciona.

Quanto mais você treinar, melhores planejamentos você fará. No meu caso, já estou bem prático. Nem poderia ser de outra forma, haja vista as centenas de planos de estudo que criei através dos anos, em auxílio aos meus orientandos, nos atendimentos do **Personal**.

E agora, passemos às perguntas que você irá responder com **"sim"** ou **"não"**, e que irão nos dar um bom indício de como você se encontra neste momento, no aspecto do planejamento.

Questionário do Terceiro Passo

1. Já criei e coloquei no papel o meu planejamento de estudos?
( ) Sim ( ) Não

2. Já tenho uma ideia bem formada acerca de quais são todas as matérias que terei que estudar para o meu concurso?
( ) Sim ( ) Não

3. Entre as matérias da minha prova, já tenho uma ideia bem formada acerca de quais delas são mais relevantes, por ter mais questões ou um peso maior?
( ) Sim ( ) Não

4. Entre as matérias da minha prova, já tenho uma ideia bem formada acerca de quais delas são completamente novas para mim, ou das que eu já tenho algum domínio?
( ) Sim ( ) Não

5. Já tenho uma ideia bem formada acerca de quantas horas por semana irei dedicar aos estudos?
( ) Sim ( ) Não

6. Já tenho uma ideia ao menos aproximada (uma estimativa) acerca de quantos meses de estudo irei dispor até o dia da prova?
( ) Sim   ( ) Não

7. Em minha rotina de estudos, estou dedicando um tempo privilegiado às disciplinas que são novas para mim?
( ) Sim   ( ) Não

8. Em minha rotina de estudos, estou dedicando um tempo privilegiado às disciplinas que julgo ter menor afinidade?
( ) Sim   ( ) Não

9. Tenho refletido e avaliado periodicamente se o planejamento que sigo está produzindo o melhor resultado?
( ) Sim   ( ) Não

10. Tenho promovido as adaptações necessárias no meu planejamento, caso perceba que ele merece ser modificado?
( ) Sim   ( ) Não

Conte, por gentileza, quantas respostas "sim" você marcou. No desenho a seguir, assinale um "x" no ponto correspondente ao terceiro passo, dentro do círculo azul, amarelo ou vermelho, obedecendo ao seguinte:

● De 1 a 3 respostas "sim",
marque o "x" no ponto do círculo vermelho;

● De 4 a 7 respostas "sim",
marque o "x" no ponto do círculo amarelo;

● De 8 a 10 respostas "sim",
marque o "x" no ponto do círculo azul;

Vamos interpretar o resultado, professor?

Sua marcação foi feita no círculo azul? Parabéns, você provavelmente já está tirando proveito de um bom plano de estudos. Já consegue enxergar com boa precisão os pontos e critérios mais relevantes à elaboração de um planejamento adequado. Ademais, já percebeu que não deve existir nenhuma espécie de "engessamento" naquilo que foi antes programado, ou seja, já está ciente de que adaptações necessárias são sempre bem-vindas.

Já se você marcou o "x" nos círculos amarelo ou vermelho, isso indica que há pontos importantes a ser trabalhados. Como você viu, o planejamento pressupõe a existência de um objetivo traçado, ao mesmo tempo que ajuda na manutenção do foco nos estudos.

Se você ainda não dava a devida importância ao fato de colocar no papel o seu plano de estudos, está na hora de pensar com muito carinho sobre isto. Atente também à necessidade de conhecer o máximo possível sobre as disciplinas que você terá que enfrentar na sua prova, no tocante a todos os aspectos possíveis: conteúdo programático exigido, número de questões, peso atribuído à questão, etc.

É preciso, antes de seguir em frente no **CED**, tomar a resolução certa de transformar aquelas respostas negativas que você assinalou em respostas afirmativas.

O **CED** é um caminho de ação. Aja segundo ele, e os resultados positivos inevitavelmente chegarão até você. Lembre-se: sementes de maçã só fazem nascer macieiras. Plante a semente certa e o fruto virá.

Podemos seguir em frente? Então vamos juntos!

MEU CED!

DISCIPLINAS	CRITÉRIO "ESTA MATÉRIA É IMPORTANTE EM MEU CONCURSO?"	CRITÉRIO "EU JÁ ESTOU BEM NO CONHECIMENTO DESTA MATÉRIA?"	SOMA DAS NOTAS
PORTUGUÊS	8 (ALTA RELEVÂNCIA)	9 (ALTO GRAU DE DIFICULDADE E BAIXO DOMÍNIO)	17
MATEMÁTICA	5 (MÉDIA RELEVÂNCIA)	3 (BAIXO GRAU DE DIFICULDADE E ALTO DOMÍNIO)	8
DIREITO CONSTITUCIONAL	9 (ALTA RELEVÂNCIA)	5 (DOMÍNIO MEDIANO, PRECISA DE UM BOM REFORÇO)	14
DIREITO ADMINISTRATIVO	5 (MÉDIA RELEVÂNCIA)	10 (NENHUM DOMÍNIO, MATÉRIA NOVA PARA MIM)	15
LEGISLAÇÃO ESPECÍFICA	10 (MATÉRIA MAIS IMPORTANTE DO CONCURSO)	10 (NENHUM DOMÍNIO, MATÉRIA NOVA PARA MIM)	20

QUARTO PASSO

TER ASSIDUIDADE

Chegamos aqui a um ponto extremamente prático e essencial do nosso **Caminho do Esforço Direcionado**, assim como um dos mais desafiadores.

Estudiosos em comportamento humano dizem que um novo hábito se constrói em 21 dias. Você já ouviu algo sobre isso? Bem, se este prazo é mesmo verdadeiro, eu não posso garantir. O que sei é que todo começo é difícil.

Os seus estudos precisam decolar, assim como um avião, que existe para voar. Então, comparemos: um Boeing pesa centenas de toneladas. Tirá-lo do solo, do estado de repouso, é algo que demandará uma quantidade extraordinária de energia. Turbinas a toda a força, somente para que se inicie lentamente o movimento.

À medida que a velocidade vai crescendo, ainda na pista de decolagem, é como se aquele gigante metálico fosse se tornando mais leve, mais leve, mais leve... até que, como se fosse mágica, as rodas perdem contato com o chão, e meio milhão de quilos sobe pelos ares.

Já quando acima das nuvens, o voo do Boeing se estabiliza,

por assim dizer. Atinge a chamada "velocidade de cruzeiro". Para os passageiros, a sensação é a de estar parados. Embora o avião continue pesando as mesmas toneladas de sempre, o esforço dos motores para mantê-lo naquela condição estável agora é o menor possível.

Assim ocorre com quem se prepara para concursos: tirar o concurseiro iniciante da inércia é o mais difícil. Se ele estava parado com os estudos, será um grande desafio alterar sua antiga rotina, saindo do "repouso", para criar uma nova, mais exigente. Não é algo propriamente fácil de ser feito, pois implica abandonar uma zona de conforto prévia. Neste momento, toda a energia será necessária.

Enquanto a força do avião vem das turbinas, a que move um ser humano é a **vontade**. Daí o nome "força de vontade". Trata-se de algo personalíssimo, ou seja, ninguém no mundo pode desenvolvê-la por você.

E como eu faço para criá-la, professor?

Olhe para dentro de si, e veja como a sua vida se encontra no dia de hoje. Você já está plenamente satisfeito com ela? Já sente que atingiu seus objetivos pessoais e profissionais, que está aproveitando ao máximo todo o seu potencial, suas capacidades, seus talentos? Dificilmente alguém poderá responder afirmativamente a todas estas perguntas.

Pense agora no que você mais gostaria de fazer, caso tivesse uma condição financeira melhor que a que tem hoje. Gostaria de viajar pelo mundo, de comprar uma casa, um carro, gostaria de fazer cursos, aprimorar seus conhecimentos em alguma área de seu interesse? Gostaria de constituir uma família, ter filhos? Quais são os seus sonhos?

E agora, lembre-se dos seus tesouros: sua família, seus pais, seus filhos, seu cônjuge, seus irmãos, seus amigos mais caros. Eles estão todos bem? Se você tivesse uma condição financeira melhor, sentir-se-ia feliz em poder ajudá-los?

Para criar força de vontade, é isto o que você tem que fazer: **encontrar motivação**. Quais são as pessoas e os projetos da sua vida pelos quais vale realmente a pena lutar? Repito a pergunta: quais são os seus sonhos mais sinceros?

Quer dizer que basta sonhar, professor?

Claro que não. Há quem passe a vida inteira sonhando em ganhar na loteria, sem jamais apostar um único bilhete. Além de sonhar, é preciso envolver-se com o seu sonho. Daí, surge um novo questionamento: qual é o seu grau de envolvimento com os seus objetivos mais profundos?

Ao longo dos anos, conheci algumas pessoas com histórias de vida extraordinárias. Pessoas que se envolveram tão intensamente com os seus sonhos de vitória, que foram capazes de superar as maiores dificuldades, e de se tornarem vencedores.

Conheci um rapaz que, quando recém-nascido, foi abandonado numa caixa de sapatos. Viveu na rua, sem teto, pedinte. Passou fome muitas vezes, e outras tantas chegou a procurar no lixo alguma coisa para comer. Mas sobreviveu a tudo isso, e chegou a professor universitário e poliglota.

Conheci um rapaz pobre do interior, que trabalhava durante o dia, e viajava quase cem quilômetros, todas as noites, para assistir às aulas de Direito de uma universidade pública. De retorno, chegava em sua casa sempre pela madrugada. Hoje é Procurador da Fazenda Nacional e professor universitário. Um dos melhores que já tive, diga-se de passagem.

Conheci um rapaz que vendia verduras numa feira de rua da sua cidade, e que se alfabetizou apenas aos 15 anos de idade. Mas sonhou com tanta força, e viveu o seu sonho com tal compromisso, que acabou tornando-se um auditor-fiscal da Receita Federal, e um professor respeitadíssimo.

O que você acha que há em comum entre estas histórias verídicas que relatei? Seus protagonistas tiveram um grau de envolvimento altíssimo com seus desejos e propósitos. Não seria qualquer dificuldade, por mais intransponível que pudesse parecer, que iria detê-los ou fazê-los desistir de seguir lutando.

Caminhavam pela floresta um monge e seu aprendiz, quando viram, ao longe, uma raposa perseguindo uma lebre, em alta velocidade. O mestre logo disse: "a lebre escapará". E foi exatamente o que se deu, momentos depois. Impressionado, o aprendiz perguntou ao seu mentor como ele previra com tanta segurança aquele resultado. Ao que lhe respondeu: "É que a raposa estava correndo apenas por mais uma refeição, mas a lebre corria por sua vida."

Compreende isto? A lebre corria por aquilo que tinha de mais caro, sua vida, seu bem mais precioso. Havia um engajamento completo com seu objetivo de permanecer viva. Exatamente por isto não poupou esforços. Ao contrário: usou de cada gota do seu sangue, de toda a sua energia, para ser mais rápida que a raposa.

E você?

Eu o quê, professor?

Pelo que você está correndo? Será apenas para dar uma satisfação a algum familiar? Será somente para ocupar seu tempo, porém sem nenhum entusiasmo? Ou, de outra forma, você está correndo para encontrar uma vitória que lhe trará – além de uma remuneração digna – a conquista da sua independência financeira e a realização profissional que tanto almeja?

Pergunte a si mesmo o que realmente lhe move. Descubra isso. E mensure, a partir da sua motivação, o quanto você está empenhado na realização do seu projeto.

Voltando agora para a nossa realidade de concurseiros, há algo que precisa ficar perfeitamente esclarecido: é aprovado em concurso quem senta à mesa na hora planejada... e estuda. Ainda não inventaram nenhuma outra forma. Assim, se você realmente quer muito ser aprovado, então atente para este quarto passo do **CED**: terá que ter assiduidade.

E o que é mesmo assiduidade, professor?

Assiduidade é qualidade de assíduo. E assíduo é sinônimo de aplicado, diligente. Estudar assiduamente é estudar de forma incessante, sem interrupções.

Significa dizer que é preciso ter compromisso com o seu horário planejado de estudo. Se o seu planejamento (3º passo do **CED**) prevê que você deve estudar na sexta-feira à noite, então a sua força de vontade deve atuar – intensamente – para que aquele compromisso seja respeitado.

Enquanto não compreender esta realidade, o concurseiro seguirá numa ilusão, apenas brincando de estudar para concursos, e procurando sempre novas desculpas para o que vai continuar dando errado.

De nada lhe adiantará pôr no papel o planejamento mais lindo do mundo, se você não estiver determinado a cumpri-lo.

É fácil ter assiduidade, professor?

Quem dera fosse. E se você quer saber quem será seu maior oponente nesta batalha, então basta se olhar no espelho. Nós, seres humanos, somos mestres na arte da autossabotagem.

Como é que é isso, professor?

É simples: nosso cérebro está sempre programado para seguir a lei do menor esforço. O que é mais fácil, passar uma noite de quarta-feira nos livros ou tomando uma cervejinha e acompanhando o futebol na televisão? O que é mais fácil, passar a sexta-feira à noite estudando, ou sair com a turma para rir e comer pizza? O que é mais fácil,...

OK, professor! Já entendi! Parece uma luta inglória...

Talvez agora você perceba a importância do terceiro passo do **CED**, o planejamento. Um plano de estudos benfeito precisa contemplar horários de ócio e de descanso, para que você possa desfrutar de momentos de lazer e diversão, sem que isso comprometa o seu projeto de aprovação.

Assiduidade nos estudos será, portanto, para nós, sinônimo de obediência ao planejamento.

Mas imprevistos podem surgir, não é, professor?

Sim, ninguém está completamente isento deles. Neste ponto, é preciso ser muito consciente, para não se deixar levar pelo que os psicólogos chamam de "desculpas verdadeiras".

As desculpas verdadeiras, apesar do nome, são apenas uma armadilha. O nosso cérebro nos convence de que surgiu um motivo realmente justificável para não estudarmos naquele momento – uma razão qualquer que acabamos rotulando de "verdadeira" – e a ela cedemos, sem oferecer a mínima resistência.

Ou seja, desistimos do nosso compromisso planejado de estudos ao menor sinal de fumaça. Qualquer dorzinha de cabeça já é o bastante para nos rendermos. Nossa vontade ainda não é suficientemente firme para se sobrepor aos convites que sempre surgem bem na hora dos estudos. E nos tornamos especialistas em recitar desculpas.

Benjamin Franklin dizia que **"quem é bom em dar desculpas dificilmente é bom em qualquer outra coisa"**.

O problema em aceitar as "desculpas verdadeiras" é que no fundo, bem no fundo mesmo, sabemos que estamos nos enganando. E isto provoca estragos em nossa autoestima. Cria-se um ciclo vicioso, que resulta em frustração e que pode nos levar até mesmo a desistir do nosso objetivo.

Tem aluno que pensa assim: "se eu perder uma noite ou outra de estudos, isso não é o fim do mundo... depois eu recupero." Quanta ilusão! Se há algo irrecuperável nesta vida, eis que é o tempo. Uma noite de estudos perdida está para sempre perdida. Os dias não recuam para que os vivamos novamente. É até triste pensar desta forma, mas esta última meia-hora que você acabou de viver (talvez lendo este livro) jamais voltará. Pode dar adeus a ela.

Mas, professor, eu só disponho de uma hora diária de estudo. Será que é tão grande assim o prejuízo, se eu perder um dia ou outro?

Chegamos ao ponto crucial. Você certamente só terá a verdadeira dimensão da importância da assiduidade, se compreender a seguinte analogia: imagine uma torneira quebrada, que está pingando uma gota d'água a cada cinco segundos. Ora, aquela minúscula gota é como se representasse o seu estudo em uma única noite. Parece pouco, não parece?

É exatamente o que eu estava dizendo, professor...

Pois é. Mas repare agora no efeito multiplicativo daquela irrisória gotinha que pingava assiduamente: ao fim de um dia, haverá um balde de **20 litros** d'água, completamente cheio. O balde cheio representa o resultado final do seu esforço, alcançado no médio prazo.

Não se engane, achando que uma prova de concurso é como aquelas de colégio ou faculdade, que você até consegue tirar uma boa nota se passar a noite de véspera inteira acordado, estudando...

O conjunto de conhecimentos e informações que você precisa **dominar** para ser aprovado em um concurso é vastíssimo. Não é algo que se atinge numa noite de estudos. Em outras palavras: o aprendizado suficiente à aprovação só se conquista de forma gradual, dia após dia, gota após gota, assiduamente.

Nunca é demais lembrar que vivemos um dia de cada vez, e que aquele tal de médio prazo não nasce pronto. Ao contrário, ele se constrói pela junção de inúmeras pequenas partes. Se você não valorizar o seu dia de estudos, se não conseguir enxergá-lo como parte de um projeto maior, dificilmente conseguirá o resultado que almeja.

*É por isso que tanta gente desiste
de estudar para concursos, professor?*

Precisamente. Nos dias de hoje, somos cada vez mais imediatistas. Aquela que era tida como a mãe das virtudes, a paciência, deixou de ser vista como tal. Tornou-se quase um defeito. Dizer que é preciso ter paciência para atingir este ou aquele objetivo é algo que ressoa muito mal aos ouvidos da maioria de quem escuta esta frase.

No fim das contas, a verdade é esta: passa em concurso quem respeita o planejamento elaborado. Repito: apenas criar um plano de estudos não basta. O papel aceita qualquer coisa. O desafio está em tirar o planejamento do papel e colocá-lo em prática. Lembre-se: é preciso alimentar a paciência e viver a assiduidade.

Que tal agora descobrirmos em que pé você se encontra em relação à assiduidade? Como antes, responda as perguntas que seguem, assinalando "sim" ou "não" para cada uma delas.

Questionário do Quarto Passo

1. Demonstro normalmente ter força de vontade para perseguir meus objetivos?
( ) Sim ( ) Não

2. Já descobri a motivação que me fará lutar pelo meu sonho de ser aprovado?
( ) Sim ( ) Não

3. Considero-me quase sempre alguém bastante motivado?
( ) Sim ( ) Não

4. Quando caio em desânimo, consigo recuperar a motivação com facilidade?
( ) Sim ( ) Não

5. Consigo enxergar este meu projeto de aprovação em concursos como um compromisso de vida pessoal?
( ) Sim ( ) Não

6. Considero-me plenamente envolvido com este compromisso?
( ) Sim ( ) Não

7. Costumo ter paciência para lutar por resultados não imediatos?

( ) Sim ( ) Não

8. Normalmente, consigo cumprir com assiduidade o meu plano de estudos?

( ) Sim ( ) Não

9. Consigo enxergar a importância de um turno de estudos em minha vida?

( ) Sim ( ) Não

10. Consigo quase sempre vencer as "desculpas verdadeiras" que querem atrapalhar o meu compromisso de estudos?

( ) Sim ( ) Não

Confira quantas respostas "sim" você assinalou.

E agora marque um "x" no ponto correspondente ao quarto passo, dentro do círculo azul, amarelo ou vermelho, obedecendo ao seguinte:

● De 1 a 3 respostas "sim", marque o "x" no ponto do círculo vermelho;

● De 4 a 7 respostas "sim", marque o "x" no ponto do círculo amarelo;

● De 8 a 10 respostas "sim", marque o "x" no ponto do círculo azul;

Como fica a interpretação, professor?

Se o "x" foi para o círculo azul, isto é ótimo sinal: você já superou abstrações, e já sabe – na prática – a importância de palavras como compromisso, envolvimento, paciência e motivação. Já está ciente também de que nada valerá um excelente planejamento, se ele não vier a ser executado. A marcação no círculo azul também aponta uma qualidade essencial à vida de um concurseiro: a resiliência.

E o que é resiliência, professor?

É capacidade de superação. Resiliente é o concurseiro que pode até cair, mas que não fica prostrado. Ao contrário: levanta-se, reergue-se, pois sabe que existe motivação em sua vida, e sabe que o sonho é maior do que qualquer eventual resultado negativo. E assim ele não se deixa abater pelo desânimo, mas retorna – ainda com mais força – ao seu compromisso de estudos, pois sabe que a jornada só termina com o troféu conquistado.

Todavia, se sua marcação do "x" foi feita no círculo amarelo ou vermelho, tudo indica que há pontos importantes a serem trabalhados. Ou você se dedica, neste momento, a fazer uma reflexão séria, ou corre o risco de adiar reiteradamente a sua aprovação.

Ser aprovado em concurso já não é algo fácil, e disso sabemos. Menos ainda o será se lhe estiverem ausentes motivação, envolvimento, compromisso, força de vontade, paciência e **assiduidade**.

Pergunte a si próprio o que está lhe faltando de cada um desses ingredientes. Questione-se e responda com sinceridade: o que me falta para eu assumir essa "brincadeira" de ser concurseiro como algo realmente sério em minha vida? Particularmente, não foi logo de início que eu abracei a causa da minha aprovação. Levei algum tempo, como se diz na gíria, só na maciota: estudava sem compromisso... apenas quando tinha vontade. E qualquer mínimo imprevisto se tornava uma desculpa para eu não estudar.

Aí veio a primeira prova que fiz da ESAF. Para quem não conhece, a ESAF é uma das principais (e mais temidas) bancas de concurso do País, responsável por vários certames, inclusive os da Receita Federal.

Alguns dias depois, quando conferi o gabarito oficial, vi que só havia acertado duas questões de Direito Constitucional naquela prova, de um total de vinte. Faz duas décadas que isso aconteceu, mas me recordo daquele momento com total clareza: foi como se eu tivesse acabado de ser atingido por um raio. Levei as mãos à cabeça e pensei comigo: "meu Deus, o que é que eu estou fazendo da minha vida?"

Não dava mais para fazer de conta que estava tudo bem. Fingir que estava estudando não era mais uma opção. Chegara o momento de escolher: jogar tudo para o alto e desistir, ou então assumir a minha futura aprovação como um compromisso de vida. Escolhi este último.

Foi ali que, anos atrás, começou a nascer o **Caminho do Esforço Direcionado (CED)**, do qual estamos tratando neste livro. Um caminho que me fez conquistar aquilo que eu tanto desejava. E que fará o mesmo por você!
Vamos em frente?

QUINTO PASSO

RESOLVER QUESTÕES

Nas palestras as quais sou frequentemente convidado a ministrar, dirigindo-me a alunos concurseiros, costumo dizer que existe sempre um passo principal, algo absolutamente essencial que, se for realizado, trará resultados inimagináveis.

Ora, no **CED** temos uma jornada de sete passos, como você já sabe. Mas se alguém me obrigasse a reduzi-los a apenas um, e não houvesse mesmo jeito de apresentar o **CED** por completo, então não tenho dúvidas de que o escolhido seria este quinto passo: *é preciso resolver questões de provas passadas.*

Você decerto já ouviu falar na história do "ovo de Colombo", sim?

Não me lembro muito bem, professor...

Conta a lenda que um dia Cristóvão Colombo propôs um desafio para as pessoas que estavam presentes em um banquete, para ver qual delas conseguiria deixar um ovo perfeitamente equilibrado em pé, sobre a mesa. E foram muitos os que tentaram, porém sem êxito.

Quando todos já haviam desistido, convencidos de que era algo impossível de ser feito, então Colombo pegou um ovo e bateu com ele de forma bem suave sobre a mesa, achatando levemente a casca inferior, apenas o suficiente para que o ovo se mantivesse em pé.

Ao ver isto, um dos convivas reclamou: "Ah, bom! Deste jeito, qualquer um consegue!" Ao que Colombo respondeu:

> *Qualquer um consegue agora, que*
> *eu mostrei como se faz.*
> *Mas até um minuto atrás vocês todos*
> *disseram que era impossível.*

Eu chamo o ovo de Colombo de "a grande descoberta": algo que é extremamente óbvio e simples, mas que a maioria das pessoas não enxerga por si só, até que lhes seja apresentado. O 5o passo do CED é, por assim dizer, o "ovo de Colombo" dos concursos.

Eis a pergunta de um milhão de dólares: você é capaz de me dizer o que há de mais parecido com as questões que irá enfrentar no seu próximo concurso?

Seriam outras questões de provas recentes da mesma banca, professor?

Bingo! Eis o segredo revelado: as bancas elaboradoras de concursos têm – cada uma delas – uma identidade própria, um estilo próprio de criar questões de prova. E este estilo, esta identidade, praticamente se repete a cada novo concurso.

Quer dizer que virão questões iguais nos próximos concursos, professor?

As questões não virão exatamente iguais, mas virão bastante assemelhadas. Daí, só em conhecer a forma pela qual aquela banca costuma abordar determinado assunto, isto já representa um verdadeiro presente para o concurseiro.

A outra boa notícia é que, atualmente, é muito fácil ter acesso a provas passadas. Centenas delas. Milhares. Nos dias de hoje, não é algo concebível que um concurseiro dirija-se a uma prova de concurso sem ter uma ideia extremamente precisa do que vai enfrentar.

Imagine que Língua Portuguesa será uma das disciplinas cobradas no seu próximo concurso, e que a "banca X", responsável pela prova, costuma trazer 20 questões desta matéria. Agora, faça uma conta rápida: se você baixar na internet 20 provas recentes desta mesma elaboradora, já terá reunido

400 questões de Português. E se as resolver ao menos 3 vezes até o dia do seu concurso, serão mais de mil treinos que você fará.

É praticamente impossível que venha no seu concurso algo diferente, ou muito distante, do que você treinou em casa. Quem é ou já foi meu aluno está cansado de saber que, quando se trata de resolver questões, meu lema é **"sete vezes"**, exatamente porque esta é a minha recomendação: que cada lista de exercícios seja resolvida até a sétima vez.

Sete vezes em sequência, professor?
Uma vez atrás da outra?

Claro que não. Sete vezes em ocasiões diferentes. Hoje, você resolve a primeira vez. Noutro dia, resolve a segunda vez. E assim por diante. Não há questão, por difícil que seja, que resista a sete resoluções. E não há memória que não guarde um determinado raciocínio, se este for sete vezes repisado.

QUANTO MENOS QUESTÕES DE PROVA VOCÊ FIZER, MAIS LONGE ESTARÁ DE SER APROVADO.

Uma frase que digo a todos os meus orientandos é a seguinte: "quanto mais questões de prova você resolver, mais próximo você está de colocar a mão na sua vaga". Mas não esqueça que também há o outro lado da moeda: quanto menos questões de prova você fizer, mais longe estará de ser aprovado.

Esta é a grande descoberta. É o ovo de Colombo. Você quer passar no concurso? Sim? Então já sabe o que fazer.

Mas, professor, para eu começar a resolver questões, preciso antes ter o conhecimento teórico...

Chegamos ao ponto crucial. Atente para isto: muitos concurseiros, milhares deles, abraçam-se com este pensamento equivocado, de que só podem começar a resolver questões depois que toda a teoria estiver plenamente dominada.

Daí, passa-se a primeira semana de estudos, e sabe o que acontece? O sujeito não se julga ainda preparado para começar a resolver questões. Passa-se o primeiro mês... e nada, ainda. Passam-se seis meses, e nunca chega a sensação de que já é hora de começar a mergulhar nas resoluções das provas passadas.

A bem da verdade, o dia em que o aluno se sentirá pronto para começar a resolver questões nunca chega. Conheci pessoas que já se preparavam para concursos há vários anos, e ainda dedicavam todo o seu tempo só aos estudos teóricos.

Não hesito em dizer que este é o maior erro que um concurseiro pode cometer em sua preparação.

> **Então, professor, em que momento devo começar a treinar com as questões de provas passadas?**

Desde o primeiro dia de estudos. Sem nenhuma protelação. Hoje, qualquer bom material preparatório sempre traz a teoria acompanhada de uma extensa bateria de questões do mesmo tema que acabou de ser explicado. Então, não há desculpas.

> **E qual é a melhor hora para eu resolver esta bateria de questões do assunto cuja teoria acabei de estudar?**

A melhor hora é imediatamente após o estudo teórico. Indubitavelmente. Há nisto um efeito extremamente positivo para o concurseiro, pois ele irá acertar todas (ou quase todas) as questões que fizer, uma vez que aquele conhecimento ainda está "fresquinho" na sua cabeça.

> **E isso é bom, professor?**

Isso é ótimo! Ao conferir o gabarito e ver que acertou tudo, seu cérebro será invadido por uma sensação maravilhosa, traduzida por pensamentos como "eu aprendi esse assunto!", "eu não joguei o meu tempo fora!", "se eu sou capaz de acertar essas questões aqui, então vou acertar também no dia da minha prova".

Isto tudo cria uma memória positiva, repleta de mensagens otimistas, o que certamente muito ajudará a construir uma condição emocional favorável à aprovação.

É claro que esta (imediatamente posterior à teoria) será apenas a primeira resolução daquela bateria de questões. Haverá outras, posteriormente. Lembra-se das sete vezes? Mas a ocasião perfeita para o primeiro treino, guarde bem isso, é logo colado no estudo teórico.

Para que mais serve isso de treinar com as questões, professor?

Muita gente se engana, muita gente mesmo, achando que para passar em concurso basta ter conhecimento. E não é só isso. Anote aí: para ter sucesso e ser aprovado, é preciso ter conhecimento e **velocidade**.

Eu não havia pensado neste aspecto...

Aprenda isso: só conhecimento não é suficiente para aprovar ninguém em concurso. O fator velocidade é tão importante quanto. Através do tempo, vi concurseiros que sabiam mais perdendo a vaga para outros que eram mais rápidos.

A cada ano que passa, as bancas parecem reduzir paulatinamente o tempo médio de resolução das questões nas provas. Hoje em dia, para cada questão, o concurseiro dispõe de pouco mais de dois minutos de resolução na hora da prova. Três minutos, no máximo.

Isso é pouquíssimo tempo. Assim, de que adianta alguém chegar ao dia do concurso "sabendo tudo", se não conseguir ser rápido o bastante e traduzir todo este conhecimento em pontos na prova?

E como eu consigo desenvolver essa velocidade desejável, professor?

PARA TER SUCESSO E SER APROVADO, É PRECISO TER CONHECIMENTO E VELOCIDADE.

Resolvendo questões em casa. Ou seja, treinando. Lembra-se de que eu disse que quanto mais questões você resolver, mais próximo estará de ser aprovado? Pois é. Quem ficar eternamente mergulhado só nos estudos teóricos não logrará atingir a velocidade necessária para fazer uma boa prova.

Resolver questões ajuda em algo mais, professor?

Sim, ajuda em algo importantíssimo. Já reparou que **"revisão"** rima com **"questão"**. Um dos maiores dilemas de quem estuda para concurso é ter que guardar na memória praticamente um oceano inteiro de informações.

Veja se isto tem alguma coisa a ver com você: o sujeito pega um livro de dez capítulos para estudar. Só que quando vai chegando ao sétimo ou oitavo, já esqueceu quase tudo do primeiro e do segundo.

Ih, professor... acontece o tempo todo comigo!

Tem como vencer este obstáculo. Sabe como? Resolvendo questões. Realmente não há outro caminho, a não ser mergulhando de cabeça no treino. A cada nova resolução que você faz de uma bateria de questões, mais e mais aquele conhecimento se consolida em sua memória. São as questões que fazem o conhecimento "entrar no sangue". Da sétima vez, não há mais como esquecer, nem com lavagem cerebral...

Será que está ficando claro o porquê de eu ter escolhido este 5º passo do **CED** como o mais importante de todos? Ele traz em si o verdadeiro segredo da aprovação: treinar, treinar, treinar.

Você se lembra do Michael Phelps?

O cara da natação, professor?

Esse mesmo, o nadador norte-americano recordista de medalhas olímpicas. Será que ele chegaria aos resultados a que chegou, se tivesse passado dez anos numa sala de aula, tendo intermináveis aulas teóricas sobre como nadar com eficiência, mas sem nunca entrar numa piscina?

Que ideia absurda, não é? Tão absurda quanto querer ser aprovado em concurso sem treinar com as questões.

Algumas páginas atrás eu escrevi assim: "muitos concurseiros, milhares deles, abraçam-se com este pensamento equivocado, de que só podem começar a resolver questões depois que toda a teoria estiver plenamente dominada." Você agora percebe que existe aí um paradoxo?

Qual, professor?

Ora, a teoria jamais estará plenamente dominada, sem que você tenha realizado um treino fortíssimo. Ou seja, resolver questões é condição imprescindível para o pleno domínio dos conteúdos estudados.

Quem fica estancado só nas leituras teóricas faz como aquele que quer aprender a nadar em curso por correspondência.

Guarde bem isto: em última instância, é o treino com as questões que transforma o seu conhecimento em pontos no dia concurso.

Que tal agora vermos como você se encontra em relação a este 5º passo do **CED**? Já sabe: responda "sim" ou "não" às perguntas a seguir, usando de toda a sinceridade possível. Vamos lá.

Questionário do Quinto Passo

1. Já estava ciente da importância de resolver questões de provas passadas, em minha preparação para concursos?
( ) Sim ( ) Não

2. Consigo dividir meu tempo de estudos adequadamente, deixando sempre parte dele para resolver questões?
( ) Sim ( ) Não

3. Costumo escolher materiais de estudo que, além da teoria, apresentem muitas listas de questões de provas passadas?
( ) Sim ( ) Não

4. Costumo adotar livros (ou outros materiais) próprios para o treino, somente dedicados a comentar provas passadas de concursos?
( ) Sim ( ) Não

5. Costumo resolver pela primeira vez uma lista de questões logo após o estudo teórico daquele assunto?
( ) Sim ( ) Não

6. Costumo resolver as listas de questões dos meus materiais de estudo mais de uma vez, ao longo da minha preparação?
( ) Sim ( ) Não

7. Costumo fazer revisões periódicas de assuntos já vistos por meio da resolução de questões?

( ) Sim   ( ) Não

8. Costumo fazer treinos de velocidade, usando questões de provas passadas de concursos?

( ) Sim   ( ) Não

9. Na Internet, já conheço sites nos quais terei acesso a provas passadas de concursos?

( ) Sim   ( ) Não

10. Participo de grupos de estudo, presenciais ou on-line, dedicados a resolver e/ou a discutir questões?

( ) Sim   ( ) Não

É hora de conferir quantas respostas "sim" você marcou. E agora marque um "x" no ponto correspondente ao quinto passo, dentro do círculo azul, amarelo ou vermelho, de acordo com o seguinte:

● De 1 a 3 respostas "sim",
marque o "x" no ponto do círculo vermelho;

● De 4 a 7 respostas "sim",
marque o "x" no ponto do círculo amarelo;

● De 8 a 10 respostas "sim",
marque o "x" no ponto do círculo azul;

Podemos interpretar agora, professor?

Se marcou o "x" no círculo azul, parabéns: você já descobriu o "ovo de Colombo" da aprovação em concursos. Já sabe que resolver questões de provas passadas não é um mero capricho, mas algo absolutamente imprescindível ao sucesso do concurseiro, pois implicará memorização de longo prazo, revisões eficientes e ganho de velocidade de raciocínio. Você parece ter superado o "medo" de mergulhar na parte prática da sua preparação.

Do contrário, caso o seu "x" tenha sido assinalado nos círculos amarelo ou vermelho, significa dizer que você está falhando neste ponto crucial, que é o treino. Deve, portanto, conscientizar-se de que uma mudança de atitude se faz urgente nos seus estudos. Dedique-se a resolver questões com o mesmo ímpeto que tem dedicado aos estudos teóricos. Lembre-se de que são as questões que irão consolidar o seu conhecimento, e que irão realmente se transformar em pontos no seu próximo concurso.

Um grande e saudoso amigo meu, Demétrio Pepice, foi aprovado em primeiro lugar nacional no concurso de Fiscal da Receita Federal do ano de 2005. Um problema de saúde o levou precocemente desta vida há alguns anos. Mas o querido Demétrio deixou em seu legado uma lição valiosa para os concurseiros. Quando se preparava para concursos, Demétrio resolvia de duas mil a três mil questões por semana em sua casa.

Daí, no dia do concurso, era como um passeio no parque. Ninguém era mais rápido nem mais seguro do que ele na hora de marcar as respostas. Demétrio aplicava brilhantemente este 5º passo do **CED**, e o resultado não poderia ser outro, senão o grande sucesso que alcançou em suas provas.

Você também vai chegar lá! Só depende de você!
Vamos em frente?

SEXTO PASSO

ASSUMIR A RESPONSABILIDADE

Acredito que aqui, com este 6º passo, você vai reforçar a sua compreensão acerca da profundidade do nosso **Caminho do Esforço Direcionado**. Trata-se de uma reflexão que valerá não apenas para a empreitada dos concursos, mas também para qualquer outra que você decida seguir em sua vida.

Uma frase que há muito me acompanha, atribuída ao escritor Albert Camus, diz que "a vida é a soma de todas as suas escolhas". Pensando desta forma, fica fácil compreender que somos – em grande parte – responsáveis pela vida que temos. Ou seja, não foi a força do vento que me trouxe até aqui onde estou, nem que o levou até aí, onde você está agora.

Por mais que possamos querer negar este fato, foram nossos próprios passos, em última instância, que nos conduziram até a presente situação em que nos encontramos. Enxergar este fato é algo absolutamente libertador. Se você adquirir a consciência de que leva consigo o poder de decidir e determinar as suas atitudes, e assim mudar a sua vida para melhor, então nada será como antes.

Pesquisas em psicologia revelam que pessoas de sucesso,

nas mais diversas áreas de atuação, têm em comum uma característica: elas puxam para si e assumem a responsabilidade pela própria vida, e pelo próprio sucesso.

Os pesquisadores chamam isso de locus de controle interno (LCI). Em palavras simples, pessoas dotadas de LCI são aquelas que olham para dentro de si, e buscam encontrar, em seu interior, as forças de que precisam para lutar por seus objetivos. São pessoas que não se deixam abater por circunstâncias externas desfavoráveis, pois sabem que são capazes de superá-las e – mais que isso – são capazes de transformá-las.

Uma atitude própria de quem possui o LCI é não viver mergulhado em reclamações constantes. Há quem passe a vida inteira a lamuriar-se pela má sorte que teve, por não ter nascido numa família com recursos, por não ter tido melhores oportunidades de estudo, por não ter conseguido o emprego que almejava, por não ter ganhado na loteria...

É como se tudo o que houvesse de bom na vida só pudesse ser alcançado por circunstâncias alheias à sua própria vontade e ao seu próprio poder de ação. Ora, o tempo é o nosso recurso mais escasso. Se o gastarmos em reclamações, não sobrará nada dele para dedicarmos à conquista dos nossos sonhos.

Quem possui o locus de controle interno também não cai na armadilha da autopiedade. Sentir pena de si mesmo é algo que não contribui para absolutamente nada de bom. Pelo contrário, este tipo de comportamento só favorece o comodismo e a apatia.

A autopiedade alimenta a sensação de que estamos mergulhados numa espécie de fatalismo, sujeitos inexoravelmente às cruéis e incombatíveis forças dos acontecimentos, e sem nenhum poder de ação. Isto é uma falácia na qual milhões de pessoas vivem mergulhadas.

Você percebe a quantas armadilhas mentais estamos sujeitos?

E ainda tem o medo, professor...

Sim, o medo. Um dos mais implacáveis sabotadores da nossa vida. Não falo do medo racional, que faz alguém fugir de uma situação real de perigo. Refiro-me ao medo imaginário, capaz de levar um ser humano a um sofrimento profundo e absolutamente desnecessário. Nas palavras de Thomas Jefferson: **"Quanto sofrimento nos causaram os males que nunca aconteceram".**

O medo é uma espécie de estorvo na vida de quem o sente. Só quem é acometido deste mal sabe o que estou falando.

Anos atrás, tive a oportunidade de orientar um concurseiro simplesmente brilhante. O aluno era de uma inteligência rara, de um intelecto inegavelmente privilegiado. À medida que conversávamos, mais eu ficava impressionado com a sua capacidade intelectual – e mais ficava sem compreender a razão de ele ter buscado a minha ajuda.

Foi quando veio a revelação: *"Professor, já faz dez anos que estou me preparando para concursos."* Tomei um grande susto ao ouvir isto. Não me parecia razoável que alguém tão genial demorasse tanto tempo para ser aprovado. Mas ele continuou: *"O senhor sabe quantos concursos eu já fiz até hoje?"* Fiquei atônito com o que disse a seguir: **"Nenhum"**.

Então pude compreender o seu sofrimento. Sondei um pouco mais, e descobri que o seu algoz chamava-se medo. Especificamente, o medo de não ser aprovado no concurso. Assim, para não sofrer a experiência da reprovação, ele preferia criar em sua mente uma desculpa qualquer, sempre às vésperas da prova, para não ter que ir fazê-la. E simplesmente não ia.

Dias depois, quando o caderno de prova começava a circular na Internet, ele ia lá, imprimia a prova, e a resolvia integralmente em casa. E acertava tudo.

Diante disto, percebi que meu trabalho de mentoring, ou seja, de orientação para concurso, teria, naquele caso, que dar lugar ao meu trabalho de coaching, que o ajudaria a vencer aquele desafio emocional de tantos anos. Agradeço a Deus por minha formação em coaching, pois no final deu tudo certo. Consegui fazê-lo enxergar que eventuais reprovações são parte natural do caminho de aprendizado e crescimento de qualquer concurseiro.

Você percebe o quanto é desafiadora esta atitude de puxar para si a responsabilidade pelo nosso destino? É preciso ter coragem para isso.

Também há alguns anos orientei uma senhora que recém deixara de morar na roça, e passara a viver na cidade grande com sua família. Pela vida que levava no campo, seu lado estudantil nunca teve grande prioridade. Mas ao mudar-se, resolveu que queria fazer concursos públicos. E começou a dedicar-se diligentemente.

Em síntese, o que ela fez? Escolheu como alvo um cargo de nível médio (1º passo), teve foco absoluto neste objetivo (2º passo), criou um planejamento (3º passo), dedicou-se com a máxima assiduidade (4º passo), resolveu todas as questões de prova que poderia ter resolvido, milhares delas (5º passo). Ela puxou para si a responsabilidade pelo seu futuro (6º passo).

Ela seguiu o CED, professor!

Sim, e ainda nem falei do sétimo passo. Quando saiu o resultado da prova, escreveu-me uma mensagem com todo o seu agradecimento. E com a maravilhosa notícia do 1º lugar no concurso. Eis algumas de suas palavras que jamais esquecerei: *"Professor, ninguém me disse que era impossível, então eu fui lá e fiz"*.

Este 6º passo do CED consiste, basicamente, em fazer tudo o que está ao seu alcance, o maior do seu esforço, para atingir o objetivo almejado. Não significa, porém, que você não possa pedir ajuda a outras pessoas. Pode, sim. Somos seres humanos, não somos ilhas. Não se deve confundir independência com arrogância. Se o que está ao seu alcance neste momento é pedir o auxílio de alguém, então que o faça. Só não caia no risco de iludir-se, negligenciando suas próprias capacidades.

Em palavras mais simples: não faça corpo mole.

Vejamos agora, por meio das perguntas a seguir, em que estado você se encontra neste momento, em relação ao 6º passo do CED. Como de praxe, use de toda a sinceridade possível em suas respostas, Ok? Gaste o tempo que julgar necessário.

Vamos lá.

"A VIDA É A SOMA DE TODAS AS SUAS ESCOLHAS"
Albert Camus

CAIXINHA DA RESPONSABILIDADE

Questionário do Sexto Passo

1. Costumo acreditar que minhas atitudes podem determinar os rumos da minha vida?
( ) Sim   ( ) Não

2. Consigo me sentir pessoalmente responsável pela situação em que me encontro atualmente?
( ) Sim   ( ) Não

3. Prefiro lutar por boas mudanças a ficar reclamando do que está errado em minha vida?
( ) Sim   ( ) Não

4. Acredito que já disponho dos recursos que preciso para iniciar uma jornada de transformação na minha vida?
( ) Sim   ( ) Não

5. Estou disposto a sair da inércia e a tomar atitudes concretas para promover uma mudança real em minha vida?
( ) Sim   ( ) Não

6. Estou disposto a ter paciência para enfrentar os obstáculos do caminho?
( ) Sim   ( ) Não

7. Estou disposto a reerguer-me diante de eventuais resultados negativos?

( ) Sim   ( ) Não

8. Costumo normalmente analisar o que me levou a um resultado negativo, para então modificar esta conduta daí para a frente?

( ) Sim   ( ) Não

9. Estou disposto a combater o medo imaginário que concorre para atravancar a minha vida?

( ) Sim   ( ) Não

10. Sinto que estou dedicando todos os meus esforços em prol do meu objetivo de ser aprovado?

( ) Sim   ( ) Não

Como antes, marque o "x" no desenho, de acordo com o seguinte critério:

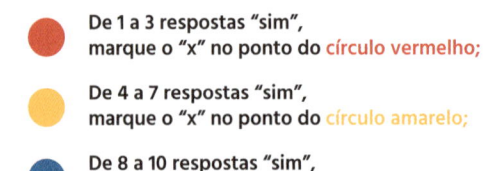

- De 1 a 3 respostas "sim", marque o "x" no ponto do círculo vermelho;
- De 4 a 7 respostas "sim", marque o "x" no ponto do círculo amarelo;
- De 8 a 10 respostas "sim", marque o "x" no ponto do círculo azul;

E a interpretação, como fica?

Se marcou o "x" no círculo azul, isto é bom sinal: você já está consciente da própria responsabilidade sobre a sua vida. Já sabe que é você mesmo quem deve escolher os seus caminhos, e que o seu esforço determinará os seus resultados. Você já está ciente de que obstáculos sempre haverá, mas consegue compreender que resultados negativos fazem parte do processo de crescimento, e não representam fracassos, mas aprendizado. Você já entendeu que o medo imaginário é algo a ser seriamente combatido, pois prejudica a coragem que precisamos ter para agir e fazer o que tem que ser feito.

Se sua marcação, todavia, foi feita nos círculos amarelo ou vermelho, é sinal de que você ainda pode melhorar neste indicativo. Convém trabalhar com as perguntas às quais você respondeu negativamente, e refletir – com calma – no que pode ser mudado para transformar o "não" em "sim". O que está me levando a fugir da minha responsabilidade? Tenho continuamente reclamado de tudo e de todos pelas minhas circunstâncias desfavoráveis? Estou acomodado numa "zona de conforto", mesmo estando distante dos meus objetivos?

Na contramão do LCI (locus de controle interno), existe o conceito de "locus de controle externo" (LCE), aquele que faz com que alguém olhe sempre para fora – buscando justificativas externas, culpando sempre terceiros (pessoas ou situações), por tudo aquilo que não gostaria de estar vivendo.

Sair do LCE para o LCI é algo profundamente significativo na vida de um ser humano, pois representa uma verdadeira mudança de paradigma. O LCE reside no "paradigma do ele": é sempre "ele" (outra pessoa) de quem dependo para atingir os meus resultados. Já o LCI configura o "paradigma do eu": eu, mais que qualquer outra pessoa neste mundo, sou responsável por meu destino, por minhas decisões, por minhas ações, por meu caminho.

Você, que ora está conhecendo o **Caminho do Esforço Direcionado**, tem o poder de usar o **CED** como uma diretriz para a sua vida, uma verdadeira jornada de autoconhecimento, reflexão, mudança e crescimento pessoal.

Mas ainda falta o sétimo passo, não é, professor?

Sim, vamos a ele?

SÉTIMO PASSO

ACREDITAR

Lá pelo meio da aula, sala abarrotada de alunos, eu paro um pouquinho com a explicação e pergunto: "Quem daqui acredita que vai passar neste concurso?" De início, olhares espantados, como se tivessem sido tomados de assalto por este tão inesperado questionamento. Daí eu repito: "Quem acredita que vai passar neste concurso? Levante a mão, por favor."

O resultado nunca costuma ser muito diferente: pouquíssimos erguem a mão. Alguns o fazem de forma tão acanhada, que mal se vê um dedo erguido… como se estivessem envergonhados de demonstrar alguma confiança em si.

Mas o melhor vem depois. Minha próxima pergunta é: "E vocês outros (que não ergueram a mão), o que estão fazendo aqui? O dia está tão lindo… não prefeririam estar passeando, ou namorando, ou se divertindo?" Eles riem, como se eu estivesse contando alguma piada. Mas não estou. Pelo contrário: estou falando seriíssimo.

O sétimo e último passo do **CED** não figura aqui por acaso. Ele é, por assim dizer, aquele que funcionará como um cimento, que vai unir todos os demais e dar-lhes consistência.

É este sétimo passo que transformará pedras soltas em um caminho pavimentado.

E qual é este passo, professor?

Respondo: o sétimo passo é **acreditar**.

O fato de estar em último aqui no **CED** não significa – em absoluto – que deva ser preterido, ou levado em conta somente após os demais. Acreditar que **somos vencedores** é uma atitude mental que deve nos acompanhar desde o início.

O professor não quis dizer
"acreditar que seremos vencedores..."?

Não. "Seremos" é tempo futuro. Quando digo "somos vencedores", expresso o pensamento verdadeiro: já o somos, neste momento. Esta verdade não depende de nenhum evento vindouro, como uma aprovação ou coisa que o valha.

O professor acredita mesmo que já sou um vencedor?

Sim, de todo o meu coração. Pois tenho a firme convicção de que **vencedores são todos aqueles que lutam por seus sonhos**. O mero fato de você estar enfrentando a vida, com todos os seus desafios e intempéries, e esforçando-se por construir um futuro melhor, isto já o habilita à condição de vencedor.

Puxa, professor! Nunca havia pensado desta forma...

Pois deve fazê-lo desde já. E lhe direi o porquê a seguir.

Outro dia, vi um filme chamado "Arremesso de Ouro": a história real de um americano, treinador de beisebol, que foi à Índia, a fim de recrutar dois garotos indianos para treinar o esporte nos Estados Unidos e, quem sabe, até se tornarem jogadores profissionais. O projeto era uma jogada de marketing, para promover o grupo que estava à sua frente.

Para resumir, os dois garotos escolhidos passaram seis meses treinando na América, mas sua evolução fora pequena, já que não tinham nenhuma experiência anterior com o beisebol. Finalmente, chegou o dia de eles se apresentarem para a mídia especializada, quando fariam alguns arremessos diante de muitas câmeras de televisão, e à vista de treinadores de times profissionais.

Dentro do ônibus, dirigindo-se ao local do teste, os rapazes indianos sentiam-se inseguros e desanimados. Perguntaram então ao seu treinador, se ele acreditava que estavam prontos para se sair bem naquela prova. Ora, o treinador sabia que o nível daqueles meninos no esporte ainda era muito baixo. Apesar disso, olhou profundamente nos olhos deles, e lhes disse: **"Não importa o que eu acredito. Importa apenas o que vocês acreditam."**

Estas foram, sem dúvida alguma, as palavras mais sábias do filme inteiro, além de as mais verdadeiras. E incendiaram o coração daqueles jovens, fazendo-os acreditarem em si. Daí, eles foram lá e superaram todas as expectativas contrárias. Arremessaram a bola com o coração, reproduzindo aquilo que sua mente passou a reconhecer como uma verdade: eram vencedores.

Não importava a opinião de mais ninguém, senão a deles próprios. E o resultado foi este: passaram no teste e tornaram-se os primeiros indianos contratados como jogadores profissionais no beisebol americano.

E o que essa história tem a ver comigo, professor?

Ora, entenda isto: se eu, ou os seus pais, ou toda a sua família, ou todos os seus amigos, ou a torcida do Flamengo inteira, ou, enfim, se o mundo inteiro lhe disser que acredita em você... mas você próprio não acreditar em si, então de nada valerá. É simples assim.

Conscientize-se disso sem mais demora. Comece a alimentar em seu coração esta fé, de que a sua vitória chegará, de que ela se tornará uma realidade muitíssimo em breve. Deixe de ver a sua aprovação como algo distante, e creia: será real. Existe ainda o outro lado da moeda.

Como assim, professor?

Estava eu começando mais uma sessão de orientação, quando a minha orientanda pôs-se literalmente a chorar. "O que houve?", perguntei-lhe. *"Professor, estou chorando porque meu pai não acredita em mim. Ele não acredita que sou capaz de passar no concurso. Acha que estou apenas perdendo tempo e gastando o dinheiro dele."*

Não tive dúvidas, então, em perguntar-lhe: "E você? No que você acredita?" Ela parou de chorar e fez um silêncio de alguns instantes, ensimesmada, como a buscar uma resposta dentro de si. E disse-me: "Eu acredito que sou capaz". E as lágrimas de antes se mudaram em um olhar transformado, cheio de confiança.

EU ACREDITO QUE SOU CAPAZ.

O "outro lado da moeda" é justamente este: não importa se o mundo inteiro desacredite de você. Quando se trata de ter fé, a única opinião que realmente importa é a sua.

A fé é algo que se move de dentro para fora. É exatamente este o sentido do seu movimento: ela nasce dentro de nós, em nosso interior, e irradia para os nossos sentimentos e para as nossas ações. A Bíblia ratifica esta verdade, em uma passagem do livro dos Provérbios, que diz assim: **"Como um homem pensa em seu coração, assim ele realmente se torna."**

Que verdade extraordinária! A fé – o ato de acreditar – está na origem de tudo o que somos, e de tudo o que nos tornaremos.

Hoje, olho para trás e me lembro de que minhas primeiras aprovações em concurso ocorreram precisamente quando passei a acreditar que já era chegada a hora da minha vitória.

O meu ato de fé – a minha decisão de acreditar que seria aprovado – fez com que assim eu me tornasse: um concurseiro vencedor. Se você também quer esta realidade em sua vida, então plante esta semente de fé na sua mente e no seu coração. Faça, você próprio, este ato *personalíssimo* de acreditar que a vitória é garantida, e está ali, à sua frente, ao alcance da sua mão.

Existe uma definição bíblica de fé, bastante conhecida, na carta que Paulo escreveu aos Hebreus. E diz assim: **"A fé é a certeza daquilo que se espera, a firme convicção daquilo**

que não se vê." Creio não haver palavras mais esclarecedoras sobre este assunto.

Uma forma de averiguar se a nossa fé está agindo a nosso favor é fazendo esta reflexão: "eu já tenho a certeza daquilo que espero? Já estou convicto de que o resultado que almejo virá, ainda que não o possa ver neste momento?"

E essa história de acreditar só vale para concursos, professor?

Claro que não. A boa notícia é que "essa história de acreditar" vale para tudo em nossa vida. Não consigo falar em fé sem lembrar-me de outra passagem bíblica, a qual sempre muito me toca e muito me ensina. Peço licença para contar este relato numa tradução mais livre.

Havia uma mulher que sofria há doze anos de um sangramento. Gastara toda a sua fortuna em remédios, médicos e tratamentos, sem que nada lhe valesse. Seus dias eram de dor e tormento. Sabendo que Jesus passava por sua cidade, foi ao encontro da multidão que comprimia o Mestre, mal permitindo que Ele conseguisse andar. Então aquela mulher pensou consigo: **"basta que eu toque na barra da sua túnica, e serei curada."** E assim o fez. A duras penas, entre aquelas centenas de pessoas, conseguiu aproximar-se de Jesus e tocou-lhe a roupa. Neste exato instante, o sangramento da mulher desapareceu.

Por que quis contar essa passagem, professor?

Apenas para reiterar que a fé é um ato pessoal. Neste caso, a cura não veio por Jesus impor sua mão sobre a mulher. Foi o contrário: foi ela quem exerceu o ato de acreditar. Havia centenas de pessoas em volta de Jesus, empurrando-o, encostando-se nele, e nada acontecia de diferente. Mas quando a fé tocou a barra da túnica de Jesus, imediatamente Ele o sentiu. E disse: "Quem me tocou? Alguém me tocou! Senti uma força saindo de mim."

A mulher acreditou em seu coração, e foi isto o que ela realmente se tornou: uma pessoa curada. Ao final, as palavras que Jesus dirigiu a ela foram as seguintes: "Vai, filha, siga em paz. Tua fé te salvou."

Já estamos prontos, agora, para descobrir um pouco mais em que situação nos encontramos no tocante a este sétimo passo do **CED**. Para isto, você já sabe, responda as perguntas seguintes, com um "sim" ou um "não", usando de toda a sinceridade possível. Vamos lá?

Questionário do Sétimo Passo

1. Costumo ter fé em minha capacidade de vencer os desafios da vida?
( ) Sim   ( ) Não

2. Consigo olhar para o futuro com olhos otimistas?
( ) Sim   ( ) Não

3. Consigo sentir em mim a segurança de que é só uma questão de tempo até eu alcançar meus objetivos?
( ) Sim   ( ) Não

4. Acredito que sou capaz de escrever a minha própria história de vida?
( ) Sim   ( ) Não

5. Ao olhar no espelho, consigo me enxergar, já agora, como alguém vencedor?
( ) Sim   ( ) Não

6. Acredito que tenho potencial para aprender qualquer coisa a que eu me propor?
( ) Sim   ( ) Não

7. Acredito que posso me tornar um concurseiro excepcional?
( ) Sim   ( ) Não

8. Acredito que posso treinar minha memória, até que ela fique perfeita, ou quase?

(   ) Sim   (   ) Não

9. Acredito que obstáculos só servem para me fazer crescer como pessoa e tornar-me mais forte ainda?

(   ) Sim   (   ) Não

10. Sinto que estou cada dia mais próximo de conquistar as minhas metas de vida?

(   ) Sim   (   ) Não

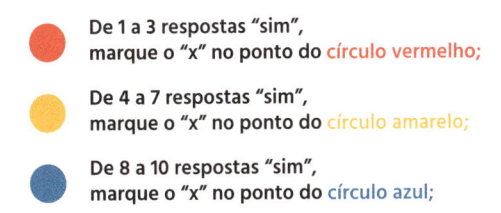

🔴 De 1 a 3 respostas "sim",
marque o "x" no ponto do círculo vermelho;

🟡 De 4 a 7 respostas "sim",
marque o "x" no ponto do círculo amarelo;

🔵 De 8 a 10 respostas "sim",
marque o "x" no ponto do círculo azul;

Como interpretaremos o resultado, professor?

Vamos lá. Se sua marcação foi feita no círculo azul, comemoremos: você já exerce em sua vida a atitude mental de quem acredita em si, de quem acredita no poder transformador da paciência e do esforço direcionado. Você sabe que os obstáculos existem para ser superados, e crê que é capaz de vencê-los, se para tanto não desistir de seguir sempre em frente. Por outro lado, se sua marcação foi feita nos círculos amarelo ou vermelho, surge, então, um grande sinal de alerta. Se você quer realmente ver o **CED** funcionando e transformando-o em um concurseiro vencedor, não pode abrir mão de acreditar em si.

Que tal pôr um pouco de otimismo em seu olhar? Não estou afirmando que seja algo fácil de ser feito. Nem sempre o é. Mas os resultados são maravilhosos, e vale a pena tentar. Lembre-se de que a fé nasce em você, no seu interior. É preciso criá-la, e é preciso cultivá-la.

Quando se sentir enfraquecido na fé, repita consigo estas poderosas palavras: **"Como um homem pensa em seu coração, assim ele realmente se torna."** Faça desta frase uma lembrança constante, e gerencie a sua mente, afastando dela toda a espécie de pensamentos derrotistas. Somente você tem o poder de fazer isto.

> **VENCEDORES SÃO TODOS AQUELES QUE LUTAM POR SEUS SONHOS**

Sete Vidas

O ditado mais perfeito do mundo diz assim:

"vida boa é a dos outros".

Você consegue entender o significado disso? Há uma tendência natural, na maioria das pessoas, de julgar que a vida é sempre mais difícil para si do que para o restante da humanidade.

E isto, definitivamente, não é verdade. Resolvi compartilhar aqui sete histórias verídicas, de pessoas com as quais convivi, e que me deixaram lições fantásticas de superação, de coragem, de persistência, de fé.

Estes relatos são prova irrefutável de que a conquista da vitória nos concursos passa, necessariamente, pelo **Caminho do Esforço Direcionado**.

Lembre-se: são histórias reais, protagonizadas por pessoas de carne e osso, sonhadoras como você, otimistas, batalhadoras, corajosas, persistentes e dotadas de um profundo locus de controle interno.

Que elas o ajudem a acreditar – cada vez mais – que a sua aprovação em um bom concurso é algo que está perfeitamente ao alcance da sua mão. Vamos lá?

Já faz mais de uma década que o conheci. Por e-mail, mantinha contato comigo, pedindo-me dicas que o ajudassem a se tornar um auditor-fiscal da Receita. Desde a primeira mensagem que me enviou, nitidamente percebi sua dificuldade com a língua portuguesa. Seu texto era repleto de erros graves de pontuação e de concordância. Não tive dúvidas: alertei-o. Disse-lhe sem rodeios que precisaria melhorar muito seus conhecimentos no idioma, sem o que não teria realmente chance nenhuma.

De onde ele era? Do Norte. Interior do Acre. Um fuso horário diferente do resto do Brasil, de tão longe.

"Eu sei, professor. Português já me deixou de fora duas vezes..."

Ele foi humilde. Não se sentiu ofendido com minhas palavras. Sabia que minha intenção era a de ajudá-lo. E para ajudar um amigo, por vezes, somos forçados a ser sinceros, embora duros.

O fato foi que ele se dedicou como nunca antes a estudar a teoria gramatical e a resolver inúmeras questões de provas passadas. Fez um esforço descomunal, cujo resultado eu percebia a cada nova mensagem que me enviava.

Ele vai conseguir, pensava eu com meus botões. Está merecendo. E lá do interior do Acre, algum tempo depois, nasceu mais um fiscal brasileiro.

Quando a conheci, ela já contava sete anos de preparação para concursos. Sentia-se profundamente angustiada, pois simplesmente já não aguentava retomar os estudos. Não conseguia mais olhar para aqueles livros de quinhentas, seiscentas, setecentas, oitocentas páginas... e pensar que teria de abri-los novamente.

Chorava durante a aula. Os colegas a consolavam. Perguntei-lhe se estava tudo bem. Enxugando as lágrimas, tentou dizer que sim, que já estava melhor. Pedi que conversasse comigo após a aula. Conversamos. Então pude ver, cristalinamente, que ela já sabia tudo o que precisava saber para ser aprovada.

Enquanto ela chorava mais um pouco, a dizer que não teria mais condições de estudar, surgiu-me a ideia. E lhe disse: *"você não precisa mais estudar"*. Enxugou as lágrimas, incrédula, enquanto me ouvia. E prossegui: *"o que você vai fazer é o seguinte: acompanhe as aulas até o dia da prova. Não traga nem livro, nem caderno, nem lápis, nem caneta para a sala. Venha sem nada. E quando o professor começar a aula, apenas olhe para ele e ouça o que ele diz. Mais nada."*

Ela parecia não acreditar naquela sugestão absurda. Mas eu sim. Não sei de onde me vinha tanta certeza, mas eu a tinha. E a fiz prometer que seguiria meu conselho. E ela seguiu.

Poucas semanas depois, fui eu, pessoalmente, que liguei

para lhe dizer que seu nome estava na lista dos aprovados. E assim se fez mais uma fiscal brasileira.

Quando foi meu aluno, sonhava em tornar-se um auditor-fiscal. Dedicava-se firmemente. Tinha chances já para aquele próximo certame, e eu sabia disso. À época, as vagas do concurso ainda eram divididas nas regiões ficais. A que lhe interessava ofereceu nada mais que 3 vagas. Então foi pedir minha opinião.

"A outra região tem 60 vagas, professor... E esta só tem 3. O que eu faço?"

"Faça para cá mesmo", respondi-lhe. *"Uma dessas 3 vagas é sua, e eu tenho certeza disso"*. Saiu daquela conversa confiante e decidido, mas na hora da inscrição recuou. Faltou-lhe coragem. E faltaram-lhe também 2 pontos para ser o dono de uma das 60 vagas às quais concorreu.

Má escolha ele fez: teria ficado entre os 3 aprovados da região que preteriu.

Estava triste ao me dar a notícia. Nem era para menos. Poderia ter desistido como tantos fazem. Mas não desistiu. Tudo o que lhe disse foi: *"o seu concurso é o próximo!"* Dito e feito. Mais um fiscal brasileiro.

Anos antes de eu o conhecer, ele sofrera um gravíssimo acidente de carro. Sobrevivera milagrosamente, após passar dias em coma. Sua recuperação foi lenta, e não houve como manter a pequena empresa que administrava. Fechou as portas e não conseguiu encontrar outras abertas, pois já passava dos 40 anos de idade.

E embora já tivesse morado em outros países do mundo, estava agora no Brasil, que não costuma valorizar profissionais mais experientes. Olhou para um lado, para o outro... Tinha que haver um caminho que dependesse do seu esforço pessoal para dar certo. Tornou-se concurseiro.

O acidente lhe deixara uma sequela inusitada: sua memória de curto prazo estava para sempre prejudicada. Às vezes, estudava várias horas pela manhã e à tarde. À noite, tudo se esvaía de sua lembrança, tal fumaça fugidia que some sem deixar vestígio.

Enfrentou o concurso pela primeira vez. Pela segunda. Pela terceira. Pessoas de seu convívio se afastaram dele. Não lhe davam crédito, e sentiam-se constrangidas de lhe dizer que o melhor seria desistir daquela história de concurso, que ele estava prejudicado e que não teria chances. Até os mais próximos eram céticos quanto às suas possibilidades.

Ele passava dos 50 anos de idade quando concorreu ao fiscal da Receita pela quarta vez. E sua força de vontade era tanta – e tão sincera – que nem um traumatismo craniano com perda de massa cerebral foi suficiente para detê-lo!

Era o mais velho da turma de aprovados daquele ano. E seguramente era também o mais feliz de todos.

Com pouco mais de vinte anos de idade, ele realizara o sonho de ser capitão de um grande barco pesqueiro. Os marujos pareciam não crer num líder tão jovem. Viajou o mundo pescando e olhando as estrelas. Até que se deu conta de que perdia muitas oportunidades em terra firme.

Largou o mar e lançou-se homem de negócios. Seu primeiro empreendimento não durou muito tempo e faliu. O segundo, durou um pouco mais, mas teve igual destino. O tempo voava, a família crescia, e a conjuntura econômica do País o fez ruir pela terceira vez. Em suas palavras, *"quebrou que apartou"*. Alguém lhe disse: por que não faz um concurso?

E foi exatamente ali, no interior do Ceará, sem praticamente nenhum recurso, que apostou todas as suas fichas naquele projeto de aprovação. Estudava por apostilas emprestadas, no campo, sentado à sombra das mangueiras.

Tinha que dar certo. Não havia "plano B". Chegou a pensar se não seria um devaneio tentar a aprovação daquele jeito, naquelas precárias condições. Mas resolveu acreditar que seria possível. E conseguiu ser aprovado.

Um dos mais extraordinários servidores que já tive a honra de conhecer. Há poucos anos, foi seu filho que seguiu a mesma trilha. Hoje, pai e filho, mais dois fiscais brasileiros.

De família de poucos recursos, muito cedo aprendeu a se virar sozinha. Começou, muito mocinha ainda, como recepcionista em escola de idiomas. Comunicativa e vivaz, já brilhava em seus olhos uma inteligência marcante. Aproveitou a chance de uma bolsa, por ser funcionária, para se fazer fluente em inglês e espanhol.

No terceiro expediente, estudava: fez curso técnico em eletricidade, por julgar que assim teria logo algum trabalho. E teve. Foi contratada pelo metrô da cidade. Subia a escada de macacão para trocar lâmpadas queimadas, tarde da noite.

Chegava em casa sempre depois da meia-noite. Saía nunca depois das cinco da manhã. Sonhava em viajar e conhecer o mundo. Fez vestibular. Passou. No primeiro semestre, conquistou a todos com seu brilhantismo. Uma professora propôs-se a ajudá-la. Conseguiu-lhe uma bolsa de pesquisa que a ajudaria a largar o emprego no metrô, mas que somente perduraria enquanto suas notas jamais fossem abaixo de 9. Jamais foram.

Formada com aquele histórico de notas e poliglota, logo conseguiu oportunidade numa multinacional de telecomunicações. Em pouquíssimo tempo, reconheceram seu potencial, e logo assumiu um posto de controle nacional. Sua vida mudou. Respondia por intercorrências as mais sérias e variadas, de norte a sul do País. Já quase não tinha tempo para respirar. Como era extremamente responsável, logo se viu tomada pelo estresse. Ganhou peso e perdeu saúde.

Tudo isso aconteceu e ela contava apenas vinte e um anos de idade. E foi aos vinte e um que tudo aconteceu. Chamaram a ambulância às pressas, pois o desgaste emocional foi tanto que caíra desmaiada em pleno expediente. Sua pressão arterial disparou. Faltaram-lhe os sentidos. Viu o rosto da morte à sua frente, como me disse.

E foi ali, dentro da ambulância, que fez uma oração a Deus, e lhe pediu mais uma chance. Prometeu que mudaria de vida para sempre se Ele permitisse que ela vivesse. Ele permitiu. Ela saiu do hospital e pediu demissão no mesmo dia. Ato contínuo, tornou-se concurseira. Abriu mão de um salário astronômico, e decidiu cuidar da saúde e preparar-se para ser fiscal da Receita.

Nem preciso dizer que logo alcançou seu novo propósito. É bem mais jovem que eu, mas já me fez chorar algumas vezes, contando-me de sua vida. Continua acordando bem cedo. Mas para correr. Recuperou a saúde e um sorriso que cativa a todos. Na Receita, já ganhou várias medalhas de reconhecimento por sua atuação. Poderia escrever um livro inteiro sobre ela. Quem sabe um dia?

Terminou!

E a sétima história, professor?
Você falou em "Sete Vidas"...

A sétima história é a sua, que agora está lendo este livro. Você, que está carregando o peso do mundo nas costas, enfrentando mil e uma adversidades, e já pensando em desistir de tudo.

Você que se sente cansado, que se sente cansada. Abatido. Abatida. Mas que, apesar de tudo, mantém o sonho de vencer e de ser aprovado. O sonho de ser aprovada.

É você quem vai escrever esta última história, com o seu esforço, com a sua garra, com a sua coragem, com seu entusiasmo, com autoconfiança, com determinação e com um desejo ferrenho de vencer.

Não há vida fácil neste percurso. Só há muito suor e superação. Cabe a você ser o autor da sua história.

Que esta modesta obra, mediante a qual lhe apresentei o **Caminho do Esforço Direcionado (CED)** possa de alguma forma ajudar você a identificar eventuais pontos fracos, e a corrigi-los, para que seu aprendizado seja cada vez mais eficiente e produtivo.

Termina tudo aqui, professor?

Não necessariamente.

Vou lhe pedir agora que você reúna, neste único desenho a seguir, as marcações de "x" que você fez ao longo dos sete questionários que respondeu.

Ou seja, este desenho seguinte será um retrato de como você se encontra no dia de hoje, em relação aos sete passos do **CED**. Pode fazer isso agora?

Primeiro Passo
Saber aonde quer chegar

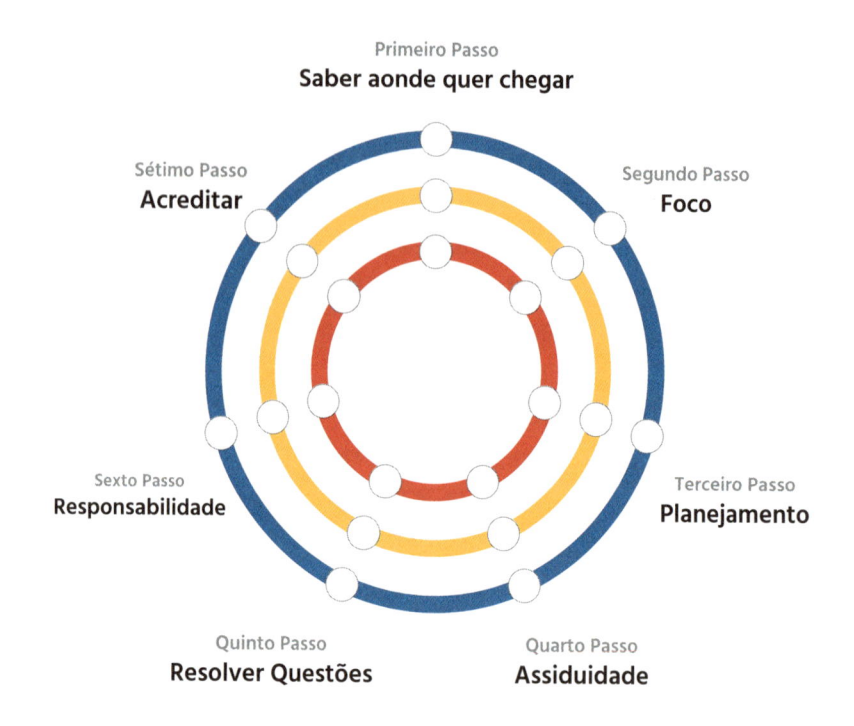

Sétimo Passo
Acreditar

Segundo Passo
Foco

Sexto Passo
Responsabilidade

Terceiro Passo
Planejamento

Quinto Passo
Resolver Questões

Quarto Passo
Assiduidade

E agora, professor?

Acabou de marcar o "x" de cada passo?

Sim, acabei!

Ótimo! Saiba, então, que este desenho retrata "os seus 7 passos" para o dia de hoje. Ele expressa a sua situação neste exato momento.

Mas não é algo definitivo, não é professor?

Claro que não. À proporção que você for trabalhando cada passo, tomando as medidas certas para aperfeiçoá-los, o "x" que está aí marcado irá certamente migrando de um círculo menor para o círculo azul. Ou seja, o **CED** é dinâmico. E tanto mais o será quanto mais você decidir implementá-lo em sua vida.

Sei que muito já foi dito a respeito de cada um dos passos deste **Caminho do Esforço Direcionado**. Porém, por minha longa experiência de orientador para concursos, sei que há sempre algumas particularidades que podem ser acrescentadas. Algumas dicas e orientações que se aplicarão apenas para quem se encontra na sua condição particular.

Não sei se você percebeu isso, mas o desenho dos "seus 7 passos" pode assumir mais de duas mil configurações possíveis. Experimentalmente, enquanto estava escrevendo esta obra, apliquei o **CED** a cinquenta alunos meus conhecidos, e os resultados foram completamente diversos.

Assim, se você tiver interesse em se aprofundar um pouco mais nesta análise – na análise particular dos "seus 7 passos" – eu o convido a conhecer o projeto **"Meus 7 Passos"**, abrigado na Internet, no site Olá Amigos (www.olaamigos.com.br).

Lá, você terá a oportunidade de receber uma "devolutiva" completa, preparada pessoalmente por mim e dirigida à sua pessoa, trazendo dicas práticas que você pode implementar na sua rotina de estudos, e que lhe farão tirar um proveito cada vez maior das suas potencialidades. Poderá, inclusive, fazer um estudo evolutivo dos "**seus 7 passos**", enxergando exatamente como está conseguindo crescer e melhorar em cada passo. Será uma alegria poder ajudá-lo ainda mais.

Também no mesmo site **Olá Amigos** você poderá encontrar informações detalhadas sobre o **Personal**, minha consultoria de orientação individualizada para concursos públicos.

Encerro aqui, desejando ao amigo e à amiga muitas felicidades! Muita coragem, força e disposição para seguir lutando por dias sempre melhores. E a graça de Deus, para nunca desistir dos seus sonhos!

Um forte abraço.
Prof. Sérgio Carvalho

NÃO HÁ VIDA FÁCIL
NESTE PERCURSO.
SÓ HÁ MUITO SUOR
E SUPERAÇÃO.
CABE A VOCÊ SER
O AUTOR DA
SUA HISTÓRIA.

EDITORA JusPODIVM
www.editorajuspodivm.com.br